ACADÉMIE DE LÉGISLATION

FÊTE DE CUJAS

Séance Publique du 16 Juin 1895.

TOULOUSE

IMPRIMERIE LAGARDE ET SEBILLE

2, RUE ROMIGUIÈRES, 2

—

1895

FÊTE DE CUJAS

Séance Publique du 16 Juin 1895.

TOULOUSE

IMPRIMERIE LAGARDE ET SEBILLE

2, RUE ROMIGUIÈRES, 2

1895

FÊTE DE CUJAS

SÉANCE PUBLIQUE ET SOLENNELLE DU 16 JUIN 1895

PRÉSIDENCE DE M. PASSAMA, PRÉSIDENT

A une heure et demie, l'Académie est entrée en séance dans la salle de la première chambre du Tribunal de Toulouse.

Aux sièges réservés avaient pris place : M. le premier président Fabreguette, M. le recteur Perroud, M. le procureur général Garas, M. Ozenne, président de la Chambre de Commerce de Toulouse, M. Demante, professeur honoraire de la Faculté de droit de Pâris, de nombreux membres de l'Académie, des représentants des académies toulousaines, des jeux floraux, des sciences, inscriptions et belles lettres. La Société de médecine était représentée par son président, M. le Dr Basset, la Société archéologique était représentée par son secrétaire général, M. le chanoine Douais. Assistaient à la séance de nombreux magistrats, avocats et étudiants en droit, ainsi que plusieurs dames. M. le général en chef, M. le Préfet de la Haute-Garonne s'étaient excusés par lettre de ne pouvoir assister à la séance.

La séance a commencé par une notice biographique sur M. Louis Arnault, par M. Massol. M. Deloume, secrétaire perpétuel, a lu ensuite le compte rendu des travaux de l'année, M. Timbal, le rapport sur les divers concours, enfin M. Passama, le rapport sur le concours pour le prix du ministre.

Après quoi, les noms des lauréats ont été proclamés.

Médaille d'or. — Prix du Ministre de l'Instruction publique : M. Gaston Jèze, docteur en droit, lauréat de la Faculté de Toulouse.

Médaille de 100 francs. — Concours spécial des lauréats universitaires : M. Joseph Delpech, avocat à Toulouse.

Médaille de 100 francs. — Concours spécial des lauréats universitaires : M. Typaldo-Bassia, professeur de droit à Athènes.

Médaille de 200 francs. — Concours libre : M. Ernest Jac, docteur en droit, à Angers.

Médaille de 200 francs. — Concours libre : M. Léonce Thomas, avocat à la Cour d'appel de Bordeaux.

Tous se sont fait excuser de ne pouvoir assister à la séance. La médaille d'or du ministre a été remise par M. le Premier Président à la sœur du lauréat, Mlle Jèze, qui s'est présentée pour la recevoir.

La séance s'est terminée à 3 heures trois quarts.

FÊTE DE CUJAS EN 1895

COMPTE-RENDU DES TRAVAUX DE L'ACADÉMIE

Lu en séance publique, pour la fête de Cujas,

le dimanche 16 juin,

Par M. Antonin DELOUME, Secrétaire perpétuel

Au lendemain du jour où nous venons d'être menacés et presque atteints dans nos œuvres vives, il est nécessaire d'établir nettement ce qu'est l'Académie de législation.

A-t-elle mérité l'oubli des assemblées locales qui, après avoir assuré son existence, soutenaient ses travaux utiles aux progrès du droit, toujours très actifs et faits de dévouements désintéressés ? Nous ne le croyons pas, et c'est notre devoir de le déclarer ici avec fermeté, en faisant connaître notre état présent et aussi quelques faits essentiels de notre passé.

Ce retour sur nous-mêmes est, d'ailleurs, le sujet très opportun du compte rendu annuel auquel je suis tenu par mes fonctions.

Je le ferai sans autre passion que celle du progrès scientifique, comme ceux dont la mémoire revit dans

1.

cette solennité. Comment oublier, en particulier, mes deux prédécesseurs immédiats, frappés au travail, tous les deux cette année : le premier président Humbert et Louis Arnault, dont nous pleurons l'irréparable perte, et à qui je dois, en prenant la parole, offrir le douloureux hommage de nos regrets.

Un mot, d'abord, sur notre personnel.

En règle avec le chiffre académique, nous sommes quarante, comme ailleurs. Mais les individualités se remplacent vite dans les Académies. Les jeunes y sont bien rares et ce sera toujours de même. De parti-pris, le titre d'académicien est considéré, par nous, comme le fruit de travaux prolongés ou le couronnement de laborieuses carrières. Aussi, très souvent éprouvés par nos pertes, avons-nous pu établir dans l'ordre de nos recrutements, un système qui ne fonctionne que trop bien. A peu près invariablement, nous appelons parmi nous, tour à tour, un magistrat, puis un professeur et puis un membre du barreau ; sans tenir compte, d'ailleurs, de la qualité du confrère que nous avons à remplacer.

De ce système très pratique, il résulte que nos cadres se composent actuellement des éléments suivants fort bien équilibrés : Dix membres du barreau, parmi lesquels le bâtonnier en exercice, trois anciens bâtonniers ; tous les autres ont passé par le Conseil de l'ordre ou par les plus hautes fonctions de l'état. Nous y avons ajouté, entre temps, le chef de notre bibliothèque universitaire et un notaire très occupé, tous les deux docteurs en droit.

Les professeurs de Faculté y figurent au nombre de onze.

Enfin, les magistrats ou anciens magistrats, au nombre de treize, y représentent toutes les juridictions, depuis la justice de paix jusqu'à la Cour d'appel et au Conseil d'Etat.

Le Premier Président et le Procureur général de la Cour de Toulouse, membres nés, prennent parfois une part active, même à nos travaux privés ; actuellement, ils honorent notre Société de leur évidente sympathie.

Nos membres d'honneur, sortis de la Faculté de Paris et de la Cour de cassation, restent en communication constante avec nous. Le dernier nommé , un magistrat toulousain , M. Maurice Bellet, vient d'être élevé, pour l'honneur de notre pays et de la magistrature française, à la présidence de la Cour mixte internationale d'Alexandrie d'Egypte.

Nous avons enfin plus de cent quarante correspondants, élus à la suite des travaux communiqués par eux à l'Académie ; ils appartiennent à toutes les carrières du droit, dans les pays les plus lointains et les plus divers. Ils sont venus à nous en grand nombre, non seulement des nations voisines, d'Italie, d'Espagne, de Belgique, de Suisse , mais encore de Suède, de Grèce, de Turquie, d'Allemagne, de Russie, jusqu'à cet aventureux Japon, en quête de tous les progrès, et sachant en user, où le législateur du pays, notre correspondant, M. Boissonade, vient d'offrir notre Recueil entier, quarante-deux volumes, à la célèbre bibliothèque de Yeddo.

C'est ainsi que, dans la plus parfaite et la plus active harmonie, au-dessus de toutes les divisions des partis et des misérables préoccupations personnelles, nous poursuivons notre œuvre française et internationale.

Lorsque l'Académie de législation fut fondée, il y aura bientôt cinquante ans, elle fut considérée, avec raison, comme une chose complètement nouvelle. Créer une Société consacrée aux progrès du droit et surtout étendre systématiquement ses relations au delà des frontières de la France, faire pratiquement de la législation comparée, c'était alors une initiative imprévue, hardie. Ce mouvement spontané devait honorer notre province, comme l'avait honorée la charmante initiative académique prise dans les lettres, par les poètes toulousains du quatorzième siècle. La Société de législation comparée s'est chargée d'accomplir depuis lors des merveilles, dans cette voie que nous avions ouverte.

Aussi, Messieurs, quel accueil reçurent nos fondateurs à l'étranger, à Paris, dans les hautes sphères de la science, de même qu'à Toulouse !

Les savants les plus illustres dans l'étude et la pratique du droit se hâtèrent partout de s'associer à nos travaux, de nous honorer de communications spéciales. De Paris descendit sur nos débuts une faveur absolument hors ligne ; le Ministre de l'Instruction publique confia à l'Académie de législation la mission de réunir, tous les ans, entre ses mains, les mémoires ayant obtenu la première médaille d'or dans toutes les Facultés de droit de France, de les juger et de donner, en son nom, la grande médaille d'or à celui de ces mémoires qu'elle considèrerait comme le premier par sa valeur. C'est demeuré un privilège unique à tous égards.

Notre province ne pouvait pas rester étrangère à ce mouvement. Le Conseil municipal s'empressa d'y concourir par la fondation d'une médaille annuelle de 500 francs, plus une allocation de 1,000 francs, en tout 1,500 francs. Le Conseil général voulut que nous ajoutions une médaille de 500 francs à celle du Conseil municipal et à celles que nous promettions de notre chef ; il nous alloua, dans ce but, 800 francs.

Depuis ce temps, nos concours n'ont jamais cessé

d'être activement fréquentés par des juristes, des magistrats, des avocats, des docteurs, attirés de toutes les régions de la France et même de l'étranger. Cette année, vous allez l'entendre tout à l'heure, un de nos lauréats nous est venu, pour la seconde fois, de Grèce; il est magistrat et professeur à l'Université d'Athènes. — Nos travaux ne se sont jamais ralentis, notre Recueil en fait foi tous les ans. — Nous décernons avec les mêmes soins, chaque année, la grande médaille d'or du ministre, et vous allez applaudir, dans un instant, le rapport sur ce concours d'ordre supérieur, dont l'honneur est toujours réservé au président de l'Académie.

Réduits d'abord dans nos ressources, nous venons d'être privés de ce qui nous est le plus nécessaire pour avancer, en faisant face encore à nos obligations de publicité et à la distribution de nos prix.

Dans un corps où des hommes, pour la plupart très occupés, fournissent des travaux importants et désintéressés, nous nous sommes imposé une cotisation dont le caractère sort assurément des usages académiques; on ne paye pas d'ordinaire, pour rester académicien. Mais le complément indispensable nous manque. Nous nous sommes vus à la veille de refuser les médailles promises aux concours du Conseil municipal et du Conseil général sur des sujets imposés aux concurrents une ou deux années à l'avance, même d'interrompre la publication de notre Recueil et d'arrêter l'impression de nos tables générales

Informés de notre détresse imprévue et très attachés à l'accomplissement de notre œuvre, les hommes les plus éminents du droit, en particulier nos correspondants à Paris, se sont cordialement mis à notre disposition. Ils ont voulu nous faire franchir une crise financière qui cessera bientôt, nous en avons la certitude, pour l'honneur de notre ville et de la science.

Sur l'avis du comité des travaux historiques et scientifiques de France, exempté, pour plus de hâte, des lenteurs d'un rapport, M. le Ministre de l'Instruction publique nous a alloué une *indemnité* de 1,500 francs.

« En prenant cette décision, nous écrivait, le 6 juin, M. le Ministre, à *titre tout à fait exceptionnel*, j'ai voulu donner à l'Académie de législation un témoignage de l'intérêt particulier que m'inspirent ses constants efforts. » C'est une précieuse justice qui nous est rendue.

Mais l'Etat ne peut pas, ne doit pas soutenir, à titre permanent, toutes les institutions provinciales. Il constate, cette fois, en venant à notre secours, que nous n'avons pas démérité. Nous espérons que nos assemblées locales, nous voyant de plus près, reprendront le cours de leurs allocations, sans lesquelles cette initiative toulousaine, qui étend ses œuvres à travers la France et les nations étrangères, serait sûrement atteinte et même menacée de périr.

C'est dans ces sentiments que nous allons reprendre le compte rendu de nos travaux de cette année. La liste en est longue, et je devrai me hâter, plus que je ne le voudrais pour parler de chacun comme il convient.

M. Brissaud, qui joint à l'énorme érudition et à la puissance de travail des savants d'Outre-Rhin, la justesse, la clarté et l'attrait de l'esprit français, nous a entretenus d'une antique *Action romaine*, l'action *de Modo agri*, nommée dans les *Sentences* de Paul et mentionnée peut-être dans les *Commentaires sur l'édit*,

Cette action en garantie pour défaut de contenance de terrain en cas de vente, étudiée avec soin par M. Lenel, a-t-elle l'importance qu'un savant allemand, M. Weber, a voulu lui attribuer dans l'histoire de la propriété? M. Brissaud ne va pas jusqu'à ces conjectures trop hardies. Il reste sincère et vrai dans les justes limites que son ardeur scientifique sait toujours respecter. Il pense que cette action a disparu comme bien d'autres formes anciennes, sans laisser après elle des traces profondes.

Du droit romain, nous n'avions qu'un pas à faire pour passer dans le domaine de notre Code civil. M. Mérignhac, juge au Tribunal civil de Foix, notre correspondant, et M. Alexandre Mérignhac son fils, professeur à la Faculté de droit de Toulouse, notre confrère, viennent de faire paraître, en deux gros volumes, l'étude où plutôt le traité sur le régime de communauté qui leur avait été demandé pour le Répertoire général du Droit français. Ce travail considérable de deux des nôtres doit figurer à notre actif, non seulement parce qu'il est l'œuvre de deux de nos membres, mais à cause du rapport sommaire et lumineux, que nous en a présenté M. Diffre. « De tels livres sont rares, disent les dernières lignes du rapport, et c'est une bonne fortune pour ceux qui ont le culte du droit et de la justice que de les saluer au passage et de les recueillir précieusement dans leur bibliothèque pour leur demander, au besoin, le dernier mot de la doctrine et de la jurisprudence. »

C'est dans des conditions identiques que s'est présenté à nous le deuxième volume du *Traité théorique et pratique de Droit pénal*, par Victor Molinier, notre regretté collègue et confrère, annoté, mis au courant et savamment présenté au public par son successeur à la Faculté et à l'Académie, M. Georges Vidal. Par les mêmes considérations, nous revendiquons ce beau volume comme faisant partie de notre domaine scientifique. Ici encore, en défiance vis-à-vis de nous-mêmes, nous pouvons faire notres les paroles du très compétent rapporteur de l'ouvrage. « J'estime, » dit l'ancien chef de notre parquet général, M. Diffre, « que cette œuvre ajoute un nouveau titre à la réputation de penseur, d'écrivain et de criminaliste de notre savant confrère, en même temps qu'elle ravive les regrets laissés au sein de notre Société par la mort de M. Molinier. » La lecture de M. Diffre fut suivie d'une discussion des plus vives à la séance de l'Académie, particulièrement sur la tentative et le délit manqué, sur les distinctions que les innombrables nuances des faits amènent, en ce point, jusqu'à la subtilité. De pareilles matières, qui touchent autant à l'analyse des sentiments humains qu'à la science du droit, sont bien faites pour passionner les esprits avides de vérité et de justice.

Aussi le droit criminel se prête-t-il toujours à d'intéressantes et nouvelles études; notre très actif correspondant, M. Pascaud, conseiller à Chambéry, nous a envoyé un travail concernant « l'influence des incapacités provenant des condamnations pénales sur le statut personnel des condamnés. » M. Pascaud est un travailleur infatigable; il nous fait partager avec d'autres le fruit précieux de ses recherches et de ses réflexions. Ce travail a tout spécialement intéressé votre rapporteur, parce qu'il se rattache aux principes généraux du droit international en matière criminelle, qu'il s'efforçait de dégager devant vous il y a déjà longtemps. Tous les juristes seront heureux de lire dans notre Recueil cette étude, où M. Pascaud s'appuie sur les législations étrangères, en même temps que sur la jurisprudence et sur la doctrine française, pour demander des réformes. Réformes nécessaires, en effet, partout, dans notre temps, où les frontières sont si aisément franchies et les distances si réduites par la vapeur et l'électricité.

M. Raoul de la Grasserie, juge au tribunal civil de Rennes, notre correspondant, veut bien nous continuer aussi l'envoi de ses travaux. C'est de législation comparée qu'il nous entretient cette année. Dans un manuscrit serré et volumineux, il nous a communiqué une étude abondamment documentée sur l'ordre de dévolution des successions *ab intestat* chez les peuples germaniques. On pourra juger dans le Recueil, de la part personnelle prise par le savant magistrat dans cette œuvre, où figurent, analysées et mises en ordre, plus de cinquante législations, adoptées tant en Amérique qu'en Europe par les descendants des Germains. L'étude sur la législation suisse est tout à fait intéressante et remarquable. Cette œuvre, pleine de renseignements, peut singulièrement faciliter et élever les études à faire dans ces matières les plus graves de la science.

M. Alexandre Mérignhac, seul cette fois, nous retient sur le terrain du Droit international. Avec une fécondité de travail véritablement surprenante, notre confrère vient d'ajouter à ses deux récents volumes de Droit civil, un nouveau et fort volume sur l'arbitrage international. Il a fait connaître à l'Académie quelques passages de ce considérable travail pris au cœur même de son enseignement. La question a été traitée par d'autres, même dans notre Faculté. Mais il est des sujets dont on peut parler toujours sans les épuiser jamais. Dans sa préface, l'auteur nous déclare qu'il se propose d'étudier spécialement le côté juridique de

l'arbitrage internatiorial, étude qui, jusqu'ici, n'avait
point été abordée. Pour l'avenir, il croit à la possibilité
de la juridiction internationale permanente qui, d'après
lui, doit se présenter sous la forme d'un jury international désigné par les différentes puissances. Mais
l'établissement de cette juridiction lui paraît irréalisable tant qu'existeront les questions d'Orient et d'Alsace-
Lorraine. Dans sa conclusion, il invite tous les amis
du principe de paix à unir leurs efforts pour familia-
riser les peuples avec cette pensée d'entente univer-
selle. Assurément, il est parfois des nations impru-
dentes ou criminelles, comme le sont les hommes
eux-mêmes ; pourquoi ne constituerait-on pas des tribunaux pour juger aussi ces groupes d'hommes qui
se nomment nations. La papauté a prouvé, grâce à
son autorité morale, que ce magistère suprême n'est
point irréalisable absolument, et le cœur si profondément humain d'Henri IV avait vibré sous l'inspiration
de cette pensée. Il est bon que des hommes de conviction et de talent s'efforcent de répandre autour
d'eux ces bienfaisantes idées, et l'Académie n'a pu que
féliciter M. Mérignhac, pour l'entreprise de cette
œuvre généreuse dont il lui donnait la primeur.

Descendant de ces hauteurs pour nous ramener dans
notre pays et dans notre ville, M. Albert nous a communiqué un compte rendu judiciaire très intéressant
par les faits et par les célébrités locales qu'on y retrouve et intitulé : *Un procès de presse sous la Res-
tauration*. Le narrateur de ce procès lointain, qui a
vécu au palais et qui en connaît les détours, s'est attaché, à l'aide de documents officiels et de pièces justifi-
catives, à nous faire connaître les poursuites dirigées,
en 1826, contre le journal *La Revue méridionale*, pour
un pamphlet adressé au cardinal-archevêque de Tou-

louse de Clermont-Tonnerre et à la mémoire de son prédécesseur, Mgr Primat. Il ne fallut rien moins, dit M. Albert, que la voix éloquente de M. Romiguières, qui fit preuve d'un vrai courage intellectuel, au plus fort des passions de l'époque, pour sauvegarder au dénoûment de la lutte, la liberté de lá presse périodique un instant compromise.

En même temps et pour la première fois dans un prétoire de province se discuta le problème de la diffamation envers les morts et des droits de l'histoire. M. Albert nous a donné là une œuvre plus intéressante encore qu'elle ne le paraît, parce qu'elle fait évidemment partie d'une histoire de notre ville dont il nous fait, entre temps, connaître ici et à l'Académie des jeux floraux quelques feuillets tout pleins d'une attrayante saveur.

Notre vénéré confrère M. le conseiller Auzies, comme M. Albert, un des trois fondateurs que nous gardons encore, nous a lu une notice détaillée sur M. le président Darnaud. C'était une lacune à combler. M. Auzies l'a fait avec la cordialité d'un compatriote fidèle et avec la distinction de formes qui caractérise tous ses écrits.

Nous pourrions presque mettre sur la même ligne que ces travaux originaux, de nombreux rapports sur ces œuvres qui nous sont adressés en foule, et qui provoquent des études parfois aussi personnelles que les ouvrages eux-mêmes dont ils sont appelés à nous parler.

C'est ainsi que M. le premier président Gouazé nous a vivement intéressés en nous entretenant du livre de M. Demay, relatif aux lois sur la chasse dans les différentes parties du monde. Il nous a fait constater l'importance que, dans les plus grands Etats de l'Europe, on attache à la conservation du gibier. Le droit de chasse est, nous disait-il, considéré partout comme un attribut de la propriété du sol, sauf dans l'empire allemand et en Autriche, où la commune a le droit de louer à son profit l'exercice de la chasse sur les domaines dépassant 75 hectares d'un seul tenant. Quelques lois étrangères, d'après l'auteur et le rapporteur, sont en progrès sur notre loi de 1844, notamment la loi fédérale suisse de 1875 qui s'occupe, avec un véritable souci, de la protection des oiseaux insectivores.

M. Duméril nous a parlé d'un très bon travail de M. Bourdeillette sur la propriété littéraire, artistique et industrielle avec le brio, la finesse, la solidité et le goût auxquels il nous a habitués, et que cette matière pouvait lui inspirer beaucoup plus que bien d'autres, où son talent d'écrivain avait, quand même, su nous charmer.

C'est un autre écrivain de race, un autre lettré, M. Dubédat, qui nous a parlé avec l'autorité et l'expérience de l'ancien magistrat, des deux ouvrages offerts à l'Académie par M. le premier président Fabreguette et ayant pour titre, l'un : *Atteintes, attentats aux mœurs en Droit civil et en Droit pénal, outrages aux bonnes mœurs ;* l'autre : *Responsabilité des criminels.* Quoique M. le premier Président Fabreguette se plaise souvent, par pure bonté, à rappeler aux anciens de la Faculté qu'ils ont été ses maîtres, il ne nous appartient pas de louer ses œuvres, aussi artistiquement écrites que réellement graves et savantes. Nous nous bornerons à reproduire les paroles mêmes du rapporteur. « Dans son premier ouvrage, nous dit le rapport, l'auteur a voulu mettre en lumière la redoutable influence de la littérature et de l'art sur les mœurs modernes, en protestant, au nom de la conscience publique et avec une grande fermeté de pensée et de style, contre la corruption semée dans le pays par le roman, le théâtre et les diverses branches de l'art. » — Dans la deuxième étude sur la responsabilité des criminels, M. Fabreguette examine les règles de l'imputabilité. « Tout un courant s'est établi pour atténuer la responsabilité des criminels. Au travers des théories singulières de l'anthropologie, de la sociologie et du déterminisme (c'est encore le rapporteur qui parle), il a classé avec une grande netteté les maladies du cerveau en apportant la lumière dans ces matières confuses. Il a mis là sa supériorité, sa vigueur, sa clarté et les connaissances approfondies dont il avait fait preuve dans son *Traité des infractions de la presse et de la parole.* »

Avec le Droit criminel et le Droit international, c'est le droit d'association qui figure au premier rang parmi les problèmes les plus actuels; et, nous le constatons bien par la nature de nos travaux qui restent, depuis cinquante ans, le reflet fidèle des préoccupations de chaque jour. Le Droit international, surtout en matière criminelle, est-il d'ailleurs autre chose que l'association des nations dans leur intérêt commun? C'est du droit des associations non autorisées que M. Saturnin Vidal nous a chaleureusement parlé à l'occasion d'un livre de M. le comte de Vareilles-Sommières, doyen de la Faculté libre de Droit de Lille. C'est le droit à l'existence que réclament ces associations qu'on ne saurait empêcher de se produire, lorsqu'elles ont un caractère licite. Sans méconnaître ce que ce travail a sur certains points de trop absolu, M. Vidal s'est senti vivement impressionné par la richesse d'aperçus et la force d'argumentation qui témoigne de l'ardente conviction de l'auteur. Il fait remarquer, avec raison, que, le 2 février 1894, la Cour de cassation attribuait

à ces associations non reconnues « une individua-
lité propre qui les rend idoines à fonctionner dans
l'ordre de l'entreprise déterminée dans leurs statuts. »
« D'où je conclus, ajoute le rapporteur, que, par des voies
différentes et par des raisons qui semblent, au premier abord, contradictoires, M. de Varcilles et la jurisprudence aboutissent à la même conclusion, savoir :
que toute association ayant un objet licite a, par cela
même, droit à la vie, et qu'ayant le droit de vivre, elle
doit jouir de tous les droits propres à assurer son
existence.

Parmi les rapporteurs toujours sur la brèche, nous
retrouvons notre vaillant collègue M. Brissaud. Ses
relations scientifiques avec le monde entier lui créent
des obligations qu'il ne saurait négliger et dont nous
sommes, presque autant que lui, les bénéficiaires. Après
nous avoir entretenu d'un savant travail sur un certain
droit de marché usité jadis dans une partie de la Pi-
cardie, et que M. Jules Lefort a eu le mérite de découvrir, il nous a fait connaître d'autres vieux usages du
Morbihan.

M. Chenon, lauréat de l'Académie et l'un de ses
correspondants, aujourd'hui professeur à la Faculté
de droit de Paris, a fait de curieuses remarques sur le
bail à convenant. Dans le bail à convenant, qui rappelle certaines lois anglaises des dernières années, le
propriétaire ne pouvait expulser le fermier qu'en lui
remboursant la valeur des *superfices*, c'est-à-dire des
constructions et des arbres à fruits, à dire d'expert.
C'est là une solution. Elle ne conviendrait point partout ; mais, en Bretagne, elle était si bien entrée dans
les mœurs, que les lois révolutionnaires et le Code civil
n'ont pas réussi à les faire abandonner.

Mais le correspondant le plus surprenant avec lequel

M. Brissaud nous a mis en relation, est bien assurément M. Maxime Kovalewski, d'origine russe, qui après avoir écrit des livres dans sa propre langue, en a écrit d'autres avec la même facilité en Anglais, est allé ensuite en Suède pour y faire des conférences publiques en langue Française. Passionné pour la législation comparée, M. Kovalewski a voulu chercher les lois primitives encore en activité et a pénétré, pour cela, jusque dans les gorges les plus lointaines du Caucase. Isolées du reste du monde, les tribus montagnardes conservent le dépôt des plus anciennes traditions de notre race. Le livre qu'il en a rapporté, riche de faits et d'idées, met en relation le droit primitif des Aryens, les vieilles lois de la Grèce et de Rome, de l'Inde et de la Germanie avec la coutume encore vivante chez les Pschaves et les Khevsoures, dans le Daghestan et dans l'Ossétie. D'incessants rapprochements éclairent d'une lumière inattendue les problèmes sur lesquels nos érudits s'acharnent trop souvent sans résultats, par exemple la question des origines de la famille, ou celle des origines de la propriété. Il semble singulier que l'on commente la loi des Douze Tables à l'aide des usages ossètes ou que la loi salique serve à expliquer les particularités du droit ossète. C'est pourtant la bonne méthode : M. Kovalewski l'a inaugurée et appliquée avec une rare vigueur d'esprit.

Je voudrais vous rappeler tout ce que nous avons appris de nouveau sur le concours de Cujas et de Forcadel. M. Fontès vient d'éclairer ce point d'histoire toulousaine d'un jour nouveau, dans une précieuse brochure dont M. Bressolles nous a fait le rapport.

M. Fontès a offert à l'Académie une *Etude sur Etienne Forcadel*, professeur de droit civil de l'Université de Toulouse. C'est, nous dit le savant ingénieur, en étudiant les œuvres de Pierre Forcadel, lecteur du roi, ès-mathématiques, c'est-à-dire professeur au collège de France, qu'il a été amené à s'occuper de son frère, le jurisconsulte. M. Fontès veut-il ainsi s'excuser? Il n'en a nul besoin, comme nous l'a montré M. Joseph Bressolles, en rendant compte de ce travail.

Sans doute, M. Fontès n'a pas remarqué qu'au seizième siècle, le Droit civil n'était autre que le Droit romain ; mais cette légère tache effacée, rien n'est plus intéressant que cette biographie, où il nous présente Forcadel sous son vrai jour. On sait que, d'après une légende qui s'est trop longtemps perpétuée, Forcadel aurait été préféré, dans un concours, à notre grand Cujas. Ce triomphe imaginaire lui a valu les appréciations les plus malveillantes. M. Fontès fait la part de l'exagération, sans tomber dans l'excès contraire ; il nous montre successivement le jurisconsulte, le lettré, le poète même.

Ce qui est plus important, la préface des *Epigrammata* de Forcadel, fournit un argument inconnu à Benech et qui semble absolument décisif en faveur de la thèse qu'il a soutenue. D'après mon très érudit prédécesseur, Cujas quitta Toulouse *en novembre 1554* sans que le concours ait eu lieu ; il n'avait donc subi aucun échec. Forcadel confirme cette donnée. *En septembre* 1554, il se montre découragé ; la date des épreuves du concours n'est pas encore fixée. Pourra-t-on soutenir que, deux mois plus tard, Cujas avait subi un échec? Le concours ne se serait jamais tenu pendant les vacances. La légende tombe... Nous saurons gré à M. Fontès qui nous permet de la rejeter définitivement.

Nous souhaiterions que tous nos membres correspondants fussent aussi zélés que M. Zeglichi, juge d'instruction à Mauriac. Depuis longtemps, la réforme du Code de procédure est à l'ordre du jour : les projets déposés par M. Antonin Dubost embrassaient l'ensemble du Code; M. Zeglichi les a étudiés avec le plus grand soin. Au courant de la dernière jurisprudence, s'inspirant des nécessités pratiques qu'il a vues de près, il approuve ou critique de la façon la plus judicieuse. M. Zeglichi nous a fait espérer une *Etude sur la réforme de l'impôt sur les boissons;* nous la recevrons avec plaisir, nous la lirons avec profit.

Enfin M. Crouzel, dans l'une de nos dernières séances, a mis sous les yeux de l'Académie un spécimen de la table générale du Recueil, dont la rédaction lui a été confiée il y a environ un an. Ce travail, traité avec un soin scrupuleux, a été exécuté à peu près suivant la méthode adoptée par Florentin Astre dans la table des treize premiers volumes. Ces tables complètes, que nos correspondants réclament avec insistance et dont nous souhaitons plus que personne l'impression, pour rendre plus facilement utilisables les richesses de notre Recueil, seront exécutées dès que les circonstances matérielles viendront nous en donner les moyens.

Il nous reste, Messieurs, un pieux devoir à accomplir; il faut jeter un regard rapide, mais très attristé, sur la formidable liste de ceux qui nous ont été pris par la mort, dans le cours de cette année.

Que de souvenirs j'aurais aimé à vous rappeler moi-même sur Louis Arnault, votre dernier secrétaire perpétuel, l'aimable compagnon de ma vie à la Faculté, aux Jeux-Floraux, ici enfin, où, l'ayant suppléé pendant son absence, je l'avais vu revenir avec tant de joie.

2.

Après avoir laissé à la Chambre des Députés la marque de son passage, à l'occasion, notamment, de la loi sur les sociétés par actions, et surtout de cette loi bienfaisante sur la séparation de corps qui sera l'honneur de sa vie, il avait consenti à reprendre les devoirs de la charge qui lui était si douce, au milieu de vous.

Ne vous semble-t-il pas le voir encore à cette place, entendre cette parole toujours spirituelle, pénétrante, aux formes imprévues, piquantes, avec cette fine et bienveillante expression de visage, qui donnait à toute sa haute prestance un charme intime et une distinction pleine d'attraits. L'Académie a voulu honorer tout particulièrement cette chère mémoire, en décidant que la notice biographique, faite avec talent par une main amie, serait lue tout entière dans cette séance solennelle; vous venez de l'entendre avec émotion, et je dois me borner à dire à Louis Arnault un triste et cordial adieu.

M. le premier président Humbert l'avait précédé dans ses fonctions académiques du secrétariat, il y a déjà longtemps, il avait été son maître, il ne l'a précédé que de quelques jours dans la tombe. M. le doyen Paget qui avait été, comme beaucoup d'entre nous, son élève très attaché, a été chargé de vous rapporter les détails de cette vie de labeur et de dévouement à la science. Je n'en dirai donc que ce qui est nécessaire pour rendre ici hommage à sa mémoire.

Par une singulière et rare fortune en politique, il dut uniquement à sa réputation de vrai savant et à l'austérité bien connue de sa vie laborieuse, une popularité de bon aloi et de nombreux suffrages dans sa ville d'adoption. C'est aussi le meilleur de ce qui le conduisit jusqu'aux plus hauts sommets de l'ordre judiciaire et jusqu'au ministère de la justice. Il sut, comme ailleurs, se faire aimer et estimer de ceux qui l'approchaient, dans ces régions d'un difficile accès.

« Dans les hautes fonctions qu'il a occupées à la Cour des comptes comme Procureur général et comme premier Président, a dit M. le président Bouchard, M. Humbert laisse le souvenir d'un magistrat consciencieux, animé des meilleures intentions, d'un esprit de justice indéniable, pénétré du respect de la Cour et du désir de la servir. »

« La politique ne lui créa pas d'ennemis, disait de son côté M. le président Boulanger, et je suis certain qu'à la Cour, sa présidence ne lui a fait que des amis. »

C'est bien ainsi que nous l'avons connu à l'Académie et à la Faculté. Servi par une étonnante puissance de travail, il avait acquis des trésors d'érudition et de science, que sa bonté naturelle mettait, sans compter, à la disposition de tous ceux qui voulaient en user. Parmi ses confrères de l'Académie, qui n'a été touché de la simplicité accueillante de ses relations, et, à la Faculté, quel est celui de ses élèves qui, après avoir admiré toute l'étendue de ses ressources scientifiques, ne s'est pas senti soutenu, réconforté par sa paternelle bienveillance. Il a animé de son influence puissante la vie académique de notre compagnie, étendu de toutes parts ses relations juridiques et a assuré sa reconnaissance légale, il a honoré son Recueil de travaux que l'on va y consulter encore ; enfin il a fait rejaillir sur elle et sur ce titre de professeur de droit de notre Faculté qu'il a gardé jusque dans les grandeurs, l'éclat d'une réputation scientifique partout reconnue. Vers lui aussi, vers le confrère aimé, vers le collègue éminent, surtout vers le maître vénéré, je tourne mes regards attendris par les souvenirs persistants de ma jeunesse reconnaissante.

C'est aussi un très savant et très érudit confrère que nous avons perdu en M. Ginouilhac. Retiré presque toujours dans sa vie de famille, il était beaucoup plus connu par ses œuvres que par ses relations personnelles; ce qui n'est pas le lot, assurément, de tous ceux qui écrivent pour le public. La haute valeur de son cours, ses publications diverses, mais surtout son livre sur l'Histoire générale du Droit, si sûr, si ferme, si élevé, sont un honneur pour notre Faculté, à laquelle il a appartenu pendant près de quarante années. Je salue en lui le maître aimé, l'excellent et sympathique collègue, l'homme de droiture et de devoir que son digne successeur vous fera connaître.

Au commencement de cette année judiciaire, la mort a encore frappé, parmi nous, un jeune, en pleine sève de talent et de travail. M. Gardelle, entré de bonne heure dans la magistrature, se démit de ses fonctions lorsqu'il ne se crut pas capable de faire appliquer des lois qu'il réprouvait.

Il déposa avec dignité la pourpre et l'hermine des anciens parlementaires, dans laquelle il devait cependant sentir, si noblement drapée, sa droite et fière stature. Il quitta sans un murmure ces hauts sièges d'où tombait avec autorité sa ferme et harmonieuse parole, d'où rayonnait cette figure distinguée de magistrat avec sa gravité restée juvénile, sa finesse et sa grâce, et aussi la fermeté de son caractère et l'intégrité de son âme.

Il reprit avec confiance sa robe de dessous, et sous cette sombre parure, emblème de toutes les nobles libertés, sembla apparaître un homme nouveau. Il restait le même, il avait acquis seulement la souplesse nécessaire dans les relations avec les confrères, les clients et tous les hommes si divers du palais, la vigueur, la promptitude, le mordant que doivent engendrer les luttes corps à corps de l'audience. M. de Laportalière nous a fait avec émotion et talent entrevoir toutes ces choses ailleurs; M. de Bellomayre, dans sa notice, saura mettre en relief tout ce qui reste à nous rappeler sur son éloquent confrère du barreau, et de l'Académie.

C'est enfin un de nos anciens, l'un des rares survivants parmi les fondateurs de l'Académie, M. Edmond Serville, que nous avons à rappeler à vos regrets. Son nom nous est dignement conservé par un frère qui a honoré la magistrature, et qui était naguère notre président; et aussi par un neveu, ancien membre du conseil de l'Ordre des avocats, qui a été récemment lauréat de nos concours. La notice biographique a été confiée à une main presque filiale qui vous montrera, mieux que je ne saurais le faire, toutes les qualités de cet esprit distingué et toutes les vertus bienfaisantes de son cœur. M. Edmond Serville était avocat, lorsqu'il fut appelé à fonder, avec d'autres, l'Académie. Il devint ensuite membre et puis vice-président du conseil de préfecture de la Haute-Garonne. La politique l'enleva, puis le rendit, et puis le reprit définitivement à ces fonctions qu'il occupait avec une intelligence et une intégrité auxquelles on a toujours rendu d'unanimes hommages. J'y joins, pour mon humble part, les souvenirs d'une respectueuse amitié.

La mort a frappé aussi à coups redoublés parmi nos nombreux correspondants. C'est M. Luigi Gallavresi, avocat à Milan, député au parlement italien, que nous perdions, à la fin de 1894; c'est M. Maton, doyen de la Faculté de droit de l'Université de Louvain qui le suivait de très près, en janvier 1895; c'est le président du tribunal de la Seine M. Aubépin; et puis

M. Fuzier-Herman qui a succombé sous le poids de son énorme labeur. Un autre aussi était atteint, dont le nom doit nous arrêter un instant : Paul Chalvet, un toulousain par son origine, par les brillants succès qu'il obtenait devant notre Faculté et devant l'Académie de législation, par le souvenir d'un frère qui a laissé parmi nous ces mêmes traces brillantes et qui nous garde toutes ses sympathies. M. Paul Chalvet avait obtenu devant nous une médaille d'or pour son *Traité sur la législation des bords de la mer*, qui était une œuvre supérieure.

Entré dans l'Administration des domaines, où le rattachaient des traditions de famille non interrompues depuis plus d'un siècle, il fut bientôt appelé à Paris auprès de la Direction générale, et fut désigné, en 1870, pour suivre la Délégation du gouvernement à Tours et à Bordeaux. Signalé à l'attention publique par ses remarquables travaux, il accepta, en 1881, la direction de la Cie Foncière de France, il devint, en 1892, administrateur du nouveau Comptoir national d'escompte. Il avait quitté l'administration qui lui était chère, dans des conditions particulièrement honorables.

Sa vie fut tout entière consacrée au travail, au bien, à la probité, dans la plus haute acception de ces mots, si facilement exposés à changer de sens, dans les hautes sphères de la finance. Il est mort à la peine, laissant, pour continuer ses nobles traditions, son frère, l'ami et le compagnon intime de mes études, parvenu, lui aussi, aux plus hauts sommets de notre grande Administration de l'enregistrement et des domaines. Nous prions ce frère inconsolé, d'agréer l'expression de nos très sincères condoléances.

Mais nous n'avons pas le droit de rester aujour-

d'hui sur ces lugubres pensées. C'est la fête de Cujas,
et nous devons célébrer le génie de celui que toutes
les nations ont appelé le Papinien Français, le prince
des jurisconsultes.

Fidèles à la tradition de nos devanciers, allons, à
notre tour, déposer quelques fleurs aux pieds de la
statue de bronze, qui, près de nous, semble comman-
der l'entrée du second Parlement de France.

A cette figure austère, qui l'aurait cru hier encore,
nous pouvons apporter, cette année, l'hommage d'un
poétique et tendre souvenir ; bientôt viendront s'y
joindre, j'espère, les hommages de l'art, sous la forme
de l'une de ses plus belles manifestations.

Il manquait, en effet, à nos origines, une aimable
légende ; à tous les berceaux ne faut-il pas la protection
sainte d'un regard maternel. Cette légende, ce rayon
du ciel, c'est l'un des nôtres qui vient de les découvrir
à travers les obscurités de l'histoire pour nous les
révéler.

Dans cette inoubliable fête du 2 mai, ou Clémence-
Isaure conviait la poésie, les beaux-arts et la science
elle-même, à célébrer l'un des centenaires de son
éternelle jeunesse, notre délégué, M. Joseph Bressolles,
nous montrait inopinément auprès du grand homme,
« de l'illustre mais incorrigible indécis », un génie
bienfaisant qui veillait maternellement sur sa gloire.
C'était une jeune et brillante princesse de France, la
fille de François Ier, qui, de sa main royale, écartait
devant le grand juriste les ronces du chemin et le
défendait fidèlement partout, à Bourges, à Paris,
à Turin, contre les tristesses de la vie. Relisez, Messieurs, cette œuvre charmante de notre délégué ; soli-
dement établie sur des faits nouveaux, sur de précieu-
ses découvertes faites pour une Académie sœur de la

nôtre, elle substitue à l'importune concurrence de Forcadel, l'attentive et persévérante assistance de la « fleur des Marguerites, » devenue duchesse de Berry et puis duchesse de Savoie.

Mais comme si cette poésie touchante et inattendue ne suffisait pas à éclairer la grave figure du jurisconsulte, c'est l'art qui vient, lui aussi, offrir, à son nom et à son œuvre, l'hommage d'une princière hospitalité.

Celui que ses goûts élevés plus encore que ses hautes fonctions consulaires ont fait depuis de longues années un des fidèles de cette fête, M. le Président Ozenne, le généreux bienfaiteur des pauvres, des enfants et des déshérités de la nature, a voulu consacrer noblement l'alliance conclue entre les Académies à la fête du 2 mai, et convier d'autres encore à cette union de toutes les hautes satisfactions de l'esprit. Saluons, Messieurs, avant de finir, cette belle et patriotique pensée d'un Institut provincial appelant à lui toutes les forces vives et spontanées de notre sol généreux.

Ce sera bientôt, sans aucun doute, à l'ombre de la tourelle aux formes harmonieuses, sous les élégantes voûtes de l'un des plus charmants édifices de la renaissance Française, que se continuera le culte toulousain de Clémence-Isaure pour la poésie, de Fermat pour la science, de la race tout entière pour les beaux arts, de *Cujas et de Marguerite de Savoie* pour le droit et pour la justice.

NOTICE BIOGRAPHIQUE

DE

M. LOUIS ARNAULT

Professeur à la Faculté de Droit, ancien député au Corps législatif,
Secrétaire perpétuel de l'Académie de Législation.

PAR

M. Auguste MASSOL

Mesdames,
Messieurs,

Au moment où je viens vous entretenir du collègue que nous avons perdu, permettez-moi de vous exprimer le sentiment qui me domine. Je dois vous dire, sans m'y attarder, que la tâche entreprise est au-dessus des forces de l'ouvrier.

Pour parler dignement de celui qui excite tous nos regrets, il faudrait une parole autre que la mienne, et je vois une nouvelle preuve de votre bienveillance dans l'autorisation que vous m'avez donnée de rendre ce dernier témoignage d'affection à un excellent ami ; je vous en remercie.

Il m'est difficile de vous exprimer combien je considère comme un devoir pieux le soin que vous m'avez confié d'apporter à sa mémoire le faible tribut de ma voix.

C'est une dette de bonne et vieille amitié, de douce

3*

reconnaissance que je cherche à acquitter en ce moment.

Louis Arnault n'était pas de ceux auxquels faisait allusion le poëte quand il disait : *Tempora si fuerint nubila.*

Chaque fois que les circonstances se sont faites difficiles, il est venu nous apporter pour lutter contre elles le concours de sa solide affection.

Il était de ces hommes fortement trempés qui ne se démentent jamais. Dans la bonne ou dans la mauvaise fortune, il demeurait fidèle. Aux heures du malheur, il avait le secret de ces paroles qui consolent et fortifient ceux qui souffrent.

Tous ici vous l'avez connu et apprécié ; aussi, quelles que soient les imperfections de cette notice, vous remplirez les lacunes. Vous pensez mieux que je ne saurais dire.

Veuillez seulement rappeler vos souvenirs.—Il est encore présent à vos yeux, affable, accueillant, ayant toujours le mot pour plaire.

Dans cette heureuse nature, on ne savait qui l'emportait des qualités de l'esprit ou de celles du cœur.

Une intelligence d'une vivacité et d'une pénétration remarquable, remarquable surtout par la souplesse, lui donnait une facilité d'assimilation tout à fait exceptionnelle. Ce qu'il avait appris sans effort lui appartenait bien, il l'avait toujours sous la main au moment précis où il fallait le mettre en valeur.

Toutes ces qualités se retrouvaient dans son style simple, limpide, coulant de source, attachant de la première à la dernière ligne. Les matières les plus abstraites étaient rendues faciles, elles devenaient attrayantes par le tour heureux, et les applications pratiques qu'il en savait tirer.

Les aperçus philosophiques aussi et les emprunts au domaine de la littérature concourraient à cet heureux résultat. Tous les sujets du droit lui étaient familiers ; il passait sans effort des questions les plus délicates du Droit Romain à celles de notre Code civil ou de l'Economie politique.

Dans chacune de ces branches, la matière traitée semblait être l'œuvre d'un spécialiste tant l'érudition était vaste, les sources soigneusement étudiées, les documents accumulés. En le lisant on croyait entendre sa parole. Diction facile, langage chaudement coloré comme par un reflet de ce beau soleil qui inonde de lumière son pays, ce Quercy, qu'il aimait tant et dont il disait pour un de nos confrères ce qui peut bien s'appliquer à lui : *magna virûm parens.*

A l'Ecole de droit, dans les conférences, dans les réunions publiques, nous l'avons vu causeur aimable, avec un tact parfait, le ton toujours approprié à l'auditoire.

Dans notre Académie, véritable charmeur, maniant l'épigramme la plus fine, lisant d'une manière ravissante des rapports pleins de traits marqués au coin de l'atticisme le plus pur à ne point laisser soupçonner en lui le tribun empoignant les masses et sachant au besoin exciter le gros rire de la foule.

Les inspirations de son cœur large et généreux le portaient à aimer son semblable.

Il était naturellement bon et partant sociable.

D'un abord facile, il plaisait même à ces indifférents qui sont le grand nombre dans les banales relations de la vie.

Cette impression lui rendait agréables toutes les réunions, fussent-elles officielles. Autour de lui il faisait régner une atmosphère de doux abandon et de causerie charmante.

A le voir au courant des bruits et des racontars du monde, si bien à sa place dans les salons où on était heureux de l'avoir, on aurait pu croire que ce milieu était le sien, alors que ce n'était pour lui que le moment de relâche d'un esprit incessamment au travail, toujours en éveil, curieux des questions les plus épineuses et les plus graves du droit.

Avec ses intimes d'une amitié douce, toujours égale, heureux de faire plaisir, il paraissait être l'obligé quand on lui demandait service.

Il était aimé de tous ceux qui l'approchaient : aussi comme on se retrouvait avec plaisir. Quelle bonne fortune de le rencontrer dans une de ses promenades habituelles, dans cette rue Alsace-Lorraine, qu'il appelait avec raison, dans un de ses derniers discours : « notre grand salon Toulousain. » Du plus loin qu'il vous apercevait, il venait à vous à cœur ouvert, les mains tendues pour presser les vôtres : alors, avec une verve pleine d'entrain, il vous charmait par la justesse de ses aperçus sur les choses et les hommes du jour. Il ne détestait même pas d'aborder dans l'abandon de l'intimité, des causeries plus frivoles, mais si des voiles étaient soulevés, c'était toujours d'une main discrète.

Ne vous semble-t-il pas le voir encore dans toute la force de la maturité, superbe dans sa puissante carrure, la poitrine largement ouverte respirant la santé et la vie, portant bien la tête, haute sans raideur, l'intelligence et la bonté peintes sur le visage.

Les yeux vifs et brillants, dont l'expression aussi fine que douce, n'était pas dérobée par les verres de son lorgnon, le front vaste, découvert, dénonçant la force de la volonté, la puissance de la pensée ; d'une mise toujours correcte frisant presque l'élégance.

On voyait, à son maintien, à son air aisé, qu'il se sentait apprécié de ceux qui l'approchaient, qu'il vivait estimé et heureux de l'être. La vie lui paraissait bonne dans ce milieu où la Providence l'avait placé, entouré d'une famille dont il était la gloire et la passion, où il trouvait les plus douces et les plus chères affections. Tous ces liens ont été brusquement rompus par un de ces coups inattendus de la mort.

Louis Arnault a été frappé au moment le plus imprévu. Après une maladie de quelques jours, dont rien ne pouvait d'abord faire prévoir le dénouement fatal, nous avions perdu cet ami, dont nous allons voir ensemble la vie si bien remplie.

Louis-Ferdinand-Barthélemy Arnault est né le 27 septembre 1837. Son père, élève de l'école normale supérieure avait débuté dans la carrière de l'enseignement comme professeur au collège de Cahors et il s'était marié dans cette ville. Après un séjour d'une année passée à Tours où naquit Louis Arnault, il reprit ses fonctions au collège de Cahors qu'il ne devait plus quitter. Au nombre de ses élèves les plus brillants, son fils se signala entre tous. Louis Arnault fit, en effet. ses études au collège de Cahors avec beaucoup de succès. Il obtenait, en philosophie, le prix d'honneur et était reçu bachelier ès-lettres avec dispense d'âge.

L'année suivante, il recevait le diplôme de bachelier ès-sciences. Parmi ses camarades du collège dont il aimait à rappeler les noms — car rien ne plait comme ces souvenirs du premier âge — se trouvait Léon Gambetta. Ils se revirent plus tard à Paris, où ils firent tous deux leur droit, mais d'une manière différente. Louis Arnault, nous le dirons dans un instant, était un assidu de l'école, exact à tous les cours, dans ce milieu il ne devait pas rencontrer souvent son camarade de collège.

Il l'entrevit plus tard, un peu de loin, au sommet du
pouvoir, dans l'éclat de ces fêtes triomphales offertes
par la ville de Cahors.

Tout cela n'est plus, le bruit des fêtes s'est éteint
dans le silence de la mort.

Pour Louis Arnault, il reste la vie régulière, laborieuse, honnête et la fin chrétienne.

Les bonnes et chaudes amitiés qu'il avait liées au
collège lui sont demeurées fidèles toute sa vie et il a eu
la satisfaction de voir deux de ses condisciples des
meilleurs parmi ses amis sur les sièges de notre Cour
d'appel (1). Il était fier de savoir qu'ils avaient l'estime
et la considération de tous dans une compagnie où
l'honneur et le mérite sont de tradition. Condisciples
à Cahors, ils se sont retrouvés confrères au sein de
notre Académie.

Les études finies au collège, il fallait choisir une
carrière.

Vous, Messieurs, qui avez connu les aptitudes tout
exceptionnelles dont M. Arnault a fait preuve pour le
droit et les lettres, vous ne serez pas peu surpris d'apprendre que ses professeurs et sa famille le croyaient
doué d'une manière spéciale pour l'étude des sciences
exactes, et que c'est à la mauvaise humeur d'un surveillant acariâtre que notre Académie doit l'honneur, dont
elle est fière, d'avoir compté M. Arnault parmi ses
membres. A quoi tient la destinée des hommes !

Entré en 1854 au Lycée Saint-Louis, à Paris, pour
se préparer aux examens de l'Ecole polytechnique,
à la fin de cette première année il se présenta, à titre

_____

(1) M. Frézouls, président de Chambre ; M. Besse de Laromiguière, conseiller à la Cour.

d'exercice, au concours de l'Ecole de Saint-Cyr ; il fut admis et donna sa démission. Il continua le cours de ses études scientifiques et tout lui prédisait un succès certain lorsqu'il prit la détermination de changer totalement l'orientation de sa carrière. Un maître d'étude qui prétendait avoir à se plaindre de ses élèves — quel est le maître d'étude qui n'a pas à se plaindre de ses élèves ou dont les élèves ne se plaignent pas — montra quelques sévérités. Elles excitèrent du tumulte.

Louis Arnault, quoique innocent, fut accusé d'avoir été au nombre des pertubateurs de l'ordre. Cette injustice le révolta et, ses parents, sur son insistance, malgré les efforts du proviseur désolé de perdre un de ses meilleurs sujets, le retirèrent du lycée Saint-Louis pour qu'il put commencer ses études de droit.

Ai-je besoin de vous dire ce que fut à la Faculté Louis Arnault ? Un élève modèle, montrant déjà sur les bancs de l'école des dispositions remarquables pour l'étude du droit.

Ses examens de licence et du doctorat attirèrent sur lui l'attention des professeurs si distingués qui, à cette époque, enseignaient à la Faculté de Paris. Il fut particulièrement remarqué par le professeur Vernet, comme lui originaire de Cahors. Ce savant jurisconsulte sut l'apprécier, il en fit un ami et un collaborateur. C'est lui qui le dirigea dans cette carrière sereine de l'enseignement du droit, qui élève et affine les qualités les plus nobles de l'esprit par la recherche absolue du vrai et du juste, loin du conflit des passions qu'excitent les intérêts matériels.

La voie qui lui convenait était indiquée. Louis Arnault allait y trouver de rapides succès. Quelques mois après avoir brillamment soutenu sa thèse de doctorat « sur la Novation » il se faisait inscrire au concours d'agrégation qui eut lieu en 1865.

Au nombre des examinateurs du concours présidé par M. Giraud, se trouvaient MM. Laborie et Faustin-Hélie.

Le jeune agrégé, plus tard devenu votre confrère, a payé un juste tribut à la mémoire de ces savants distingués. Vous l'avez entendu vous parler en termes émus de MM. Giraud et Faustin-Hélie, dont il fit l'éloge funèbre. Il ne pouvait, disait-il, oublier la bienveillance de leur accueil et l'indulgence de leurs décisions. Nous savons tous que les juges du premier concours auquel se présenta Louis Arnault n'avaient fait que justice en l'admettant à l'agrégation.

Cependant, alors, comme aujourd'hui, c'était une véritable élite qui abordait ces épreuves et avec laquelle avait dû compter notre jeune candidat. Pour s'en convaincre, il suffit de voir les noms de ceux qui sortirent avec lui vainqueurs du concours Nous pouvons citer parmi eux, MM. Glasson, Thézard, Bonfils, Accarias qui furent proclamés agrégés le même jour que Louis Arnault. Avec de tels concurrents, c'était une redoutable épreuve suivie d'un grand succès.

Le nouvel agrégé fut chargé du cours de Droit criminel à la Faculté de Nancy. L'accueil qu'il reçut dans cette ville n'est jamais sorti de sa mémoire, il avait été vite et bien jugé. Aussi, ne laissait-il jamais échapper une occasion de parler en termes élogieux de Nancy, qui était toujours, disait-il, la bonne ville du roi René.

Le souvenir de ceux qu'il y avait connus, au beau temps de la jeunesse, était demeuré vif et durable dans son esprit. Il se plaisait à leur donner publiquement des témoignages de sa reconnaissance et de son amitié.

Ce dont il ne parlait qu'avec plus de réserve, c'était des jeunes agrégés qui avaient dans leurs moments de loisir délaissé le Code et les Pandectes pour une littérature plus légère ; et il disait, aux intimes seulement, que les salons de Nancy avaient vu jouer la comédie — en vers et en prose, s'il vous plait, — par des acteurs qui interprétaient leurs œuvres.

Rien de gai, de vif, de jeune comme ses charades, et, en particulier, son invocation à la muse des agrégés. Si je ne cite pas, c'est parce que la gaieté ne convient pas au moment où je parle.

Aimé de ses élèves, apprécié de ses collègues, Louis Arnault était heureux dans un milieu fait de sympathies. Il ne l'eut pas quitté si le désir de se rapprocher de sa mère ne l'avait engagé à venir à Toulouse.

Cette détermination devait lui coûter, il nous faut bien en croire les plaintes que d'avance il exhalait en vers ;

> Si je dois retourner aux lieux de mon enfance,
> Et reprendre ma place aux fêtes du foyer,
> J'emporterai du moins la douce souvenance
> Des bontés qu'un ingrat ne saurait oublier !
> . . . .
> Vous quitter pour toujours, je ne saurais le faire
> Sans prévoir le destin que cache l'avenir.
> Bien que former un vœu soit chose téméraire,
> J'ose former ici le vœu de revenir.

S'il éprouva de la peine à quitter Nancy, il en fut largement dédommagé par les joies de la famille qu'il connut à Toulouse, par les bonnes et chaudes amitiés dont il fut entouré au milieu de nous.

Louis Arnault appartient à notre Faculté de droit depuis l'année 1867. Nommé d'abord en qualité d'agrégé, il fut chargé du cours d'économie politique et devint titulaire de la chaire en 1876.

Ce qu'il a été comme professeur sera dit dans une autre enceinte et de façon plus autorisée que je ne saurais le faire ; vous me permettrez, cependant, de vous signaler le succès de son enseignement.

Erudit comme un savant du moyen-âge, son esprit droit et juste le mettait à l'abri de ce que les thèses doctrinales peuvent avoir d'exagéré. Il avait, au plus haut degré, le don de vulgariser ce qu'il connaissait si bien. Son langage était clair et précis. A l'aise dans sa chaire, il donnait ses explications sur le ton d'une conversation entraînante, la main agitant toujours un objet, plume, crayon ou coupe-papier, soulignait du geste sa parole alerte et vive.

La foule des étudiants, qu'aucun appel n'aurait pu contraindre à se rendre en aussi grand nombre, se retirait, emportant cette impression que l'heure avait passé avec une rapidité surprenante.

L'ouvrage dans lequel M. Arnault a donné la substance de son cours sur l'économie politique présente les mêmes qualités que nous trouvons dans son enseignement oral.

Netteté, précision du style, solutions remarquablement sages et pondérées, tout concourt pour faire de ce livre une œuvre importante.

La lecture en sera utile à tous, même à ceux qui ont déjà approfondi cette partie encore un peu conjecturale de la science du droit.

M. Arnault n'était pas seulement un savant pour ses élèves. Tous les jeunes gens de bonne volonté trouvaient auprès de lui un conseil et un appui toujours disposé à les encourager et à les soutenir.

Bienveillant comme tous les hommes supérieurement

doués, ai-je besoin de vous dire s'il était aimé des étudiants. Du reste, il continuait ainsi une tradition constante dans l'enseignement du droit où les professeurs traitent paternellement leurs élèves, pensant, avec raison, que ce n'est pas la raideur qui prouve le talent et relève le niveau des études.

Le mérite de M. Arnault était de ceux qui s'affirment. A Toulouse, il devait être bientôt apprécié ; aussi, dès 1868, notre Académie était heureuse de lui ouvrir ses portes. Si je sais que votre choix peut être indulgent, je dois ici constater que nos confrères, à cette date, montrèrent seulement qu'ils étaient éclairés. Le nouvel élu témoigna sa reconnaissance, pour l'honneur que vous lui aviez fait, de la manière la plus effective en s'associant activement à tous vos travaux. Sa première lecture du 22 juillet 1868 commence la série, combien d'autres l'ont suivie.

La valeur de ses œuvres, la part active qu'il prenait à votre vie académique devaient tout naturellement le désigner à vos suffrages, lorsqu'il fallut pourvoir d'un titulaire le fauteuil du secrétaire perpétuel devenu vacant.

Pour remplir cette fonction, dans le passé, dans le présent, notre Académie a toujours eu l'heureuse fortune de trouver des hommes d'une valeur indiscutée. M. Arnault a été son quatrième secrétaire perpétuel. Avant lui, MM. Benech, Sacaze, Humbert avaient tenu cette place — importante — car le secrétaire perpétuel, ne le perdons pas de vue, est la clef de voûte sur laquelle repose tout l'édifice. Notre ami n'a été au-dessous ni de la tâche, ni de ceux qui l'avaient rempli avant lui.

Vous avez vu avec quel soin de tous les instants il s'occupait de chaque détail intéressant l'œuvre com-

mune, comment il a été le rouage essentiel qui trans-
mettait le mouvement à l'ensemble.

Rien n'échappait à son activité ; avec un tact exquis
et une dextérité parfaite, il stimulait le zèle des retar-
dataires, réglait l'ordre des lectures, surveillait le
fonctionnement des commissions, il était beaucoup
et s'efforçait de ne paraître rien.

M. Arnault fit pour la première fois en sa nouvelle
qualité le rapport sur les travaux de l'Académie à la
réunion de l'année 1879.

Les termes dans lesquels il remercia ses collègues
faisait bien voir le prix qu'il attachait à la distinction
dont il avait été l'objet. Il adressa à ses prédécesseurs
des éloges mérités, montrant tout à la fois combien il
les tenait en haute estime et se trouvait honoré de leur
succéder.

Depuis lors, chaque année vous avez entendu un
rapport remarquable, où les ouvrages les plus divers
étaient appréciés avec une compétence marquée.

M. Arnault savait, par un enchaînement qui semblait
tout naturel, rapprocher dans son analyse les travaux
les plus différents. Aux mérites qu'il se plaisait à
signaler il ajoutait le prix de ses savantes et profondes réflexions. Son rapport, écrit en un style vif et
concis, était lu avec une véritable habileté et un
charme saisissant. Ce morceau académique plaisait
toujours aux auditeurs de notre fête solennelle de
Cujas. Je ne dirai pas — car je veux éviter de paraître
partial — que c'était le principal attrait de notre réunion, mais bien certainement il était apprécié comme
il le méritait.

M. Arnault ne se contentait pas de résumer les
travaux de ses confrères et de faire appel à leur
bonne volonté ; toujours à l'œuvre, il payait de sa

personne et apportait très largement son contingent
académique.

Nos recueils contiennent les nombreux travaux dont
il vous avait donné lecture. Vouloir les analyser
serait dépasser les limites de cette notice. Je me con-
tenterai de citer quelques-unes des plus importantes
parmi ces études. Vous avez particulièrement remarqué son travail sur « le Droit, l'Economie politique,
l'Insurrection du 18 mars 1871. »

Dans cette monographie saisissante d'actualité,
pleine de documents, M. Arnault vous a montré les
révolutionnaires arrivés. Il vous fit voir la Commune
ne respectant les droits ni de la famille, ni de la propriété, ni de la liberté individuelle, renversant pour
détruire sans rien avoir à mettre à la place de ce
qu'elle faisait disparaître.

Quels accents patriotiques il faisait entendre en présence de toutes ces ruines accumulées ! Comme il
voyait bien l'origine de nos malheurs et le moyen de
les réparer lorsqu'il vous disait :

« Si le mal est éclatant, si la cause saute aux yeux,
le remède n'est pas moins certain et il est dans les
mains de chaque père de famille. Nous nous étions
trop préoccupés de l'homme intellectuel, nous avions
négligé l'homme religieux et moral. C'est ce dernier
qui a faibli. C'est là que le danger presse et que l'effort
doit se porter. Le retour de la France dans la voie du
salut est donc tout indiqué.

. . . .

» Nous savons aujourd'hui ce que vaut l'instruction,
le culte de l'intelligence, lorsqu'il est séparé de l'élévation de l'âme, lorsque ces deux forces ne concourent
pas pour contenir nos passions et nous maintenir dans

le juste. La bête instruite est cent fois pire que la bête ignorante. »

Et plus loin, s'adressant à ceux qui ont la responsabilité de l'enseignement, il faisait entendre ces paroles véritablement inspirées :

« Qu'ils veillent à l'instruction pour les très nombreux enfants que leurs familles n'instruisent pas elles-mêmes, mais qu'ils ne découragent pas l'éducation religieuse. Malheur à eux ! Malheur à nous ! si, attirant l'enfant dans les écoles, ils le détournaient en même temps de l'église. Leur œuvre serait forcément vouée au mal et la société jouerait ce rôle ridicule d'organiser et de subventionner de ses deniers des fabriques d'ennemis. »

Les événements dont nous avons été les spectateurs affligés se sont chargés de démontrer l'exactitude de ces pensées. Nous avons vu de tout jeunes gens, coupables d'attentats effrayants, porter leurs têtes de vingt ans sur l'échafaud , parce qu'ils avaient été élevés sans principe.

Quelle sévère et terrible leçon pour ceux qui, chargés de les punir, étaient obligés de reconnaître en eux les fruits de l'éducation qu'on leur avait donnée !

A côté de ces travaux où des questions d'actualité étaient examinées sous leur aspect juridique, M. Arnault nous a donné des études dont le droit fournissait l'unique matière. Vous vous rappelez ses lectures sur la théorie si délicate de *l'in jure cessio*, sur la liberté de l'enseignement, sur le notariat, sur les modifications à apporter au régime de la séparation de corps.

Ce simple énoncé incomplet de travaux de nature si diverse, suffit pour vous rappeler du même coup les ressources du talent et l'étendue des connaissances juridiques de votre confrère.

Son œil embrassait l'immense horizon où l'on voit s'étendre la science du Droit, cette science dont les limites semblent toujours reculer à mesure que l'on s'efforce de s'avancer vers elles.

Ces études n'étaient pas les seules auxquelles se livrait M. Arnault et son activité académique ne s'est pas dépensée tout entière dans cette enceinte.

La facilité de son élocution, la pureté et l'élégance de son style, l'avaient marqué de ce signe fatidique auquel les académies reconnaissent les leurs. L'Académie des Jeux-Floraux ne s'y était point trompée. Cette Assemblée, aussi jalouse de l'honorabilité que du savoir de ses membres, fut heureuse de l'admettre dans son sein. Sa présence n'y est point passée inaperçue. Louis Arnault marqua nettement sa place au premier rang des membres les plus en vue de cette compagnie. Dans ce monde des lettres, il représenta brillamment notre Académie. Là, comme ici, ses succès n'étaient pas discutés.

Pourquoi ces joies académiques ne lui ont-elles pas suffi !

Un jour vint ou M. Arnault se laissa séduire par les mirages de la politique ; se sentant assez fort, il se jeta dans la mêlée.

Il se trompait de temps et venait trop tard.

Compter sur le mérite et le talent, c'est vieux jeu. D'autres facteurs, aujourd'hui, conduisent au succès.

Sans cela, à quel brillant avenir M. Arnault n'eut-il pas été destiné !

Il représentait déjà, depuis 1874, le canton de Montpezat au Conseil général du Tarn-et-Garonne, lorsque le parti conservateur voulut le porter sur sa liste aux élections législatives de 1885.

Pendant la lutte électorale, un nouvel homme se révéla chez M. Arnault.

Sa puissante nature semblait faite pour les réunions publiques. Le fin lettré, l'homme du monde faisait place à l'orateur populaire. Il avait le secret de ces chaudes improvisations, de ces promptes répliques qui enlèvent les masses. Dès les premiers mots, il se rendait maître de son auditoire, et c'était avec des applaudissements enthousiastes que la foule entraînée accueillait ses discours. Tous ceux qui ont suivi la lutte électorale dans le département du Tarn-et-Garonne ont été unanimes à reconnaître que le succès de la liste conservatrice était, pour la plus grande partie, due à la popularité de M. Arnault.

Les membres de l'Assemblée législative, du moins en majorité, pensèrent que cet honnête homme n'était point pour prendre place parmi eux. Ils l'invalidèrent à outrance, à chaque session, jusqu'au jour où on put proclamer un résultat qui lui fit échec.

Nous sommes ici bien placés pour savoir de quelle manière se forment les majorités et nous savons jusqu'où l'on sait pousser le respect du suffrage universel.

La lutte ne décourageait pas M. Arnault. En 1885, deux fois élu, il put prendre possession de son siège. Il se montra au Corps législatif tel qu'il devait être. Envoyé à la Chambre par l'opposition, il est demeuré fidèle à ses électeurs et fidèle surtout à sa conscience.

On peut passer au crible sa vie de député, on est sûr de la trouver exempte de toutes ces compromissions plus ou moins avouables dont le spectacle affligeant s'étale à chaque instant à nos yeux.

L'air que l'on respire dans les coulisses parlementaires n'est pas toujours très pur. M. Arnault a su se tenir à l'abri de la contagion. Le sachant juriste laborieux, vous ne vous attendiez pas à le voir faire retentir à la tribune des phrases sonores en d'inutiles discours; mais vous savez qu'il rendait de signalés services toutes les fois qu'une loi sérieuse venait en discussion. Apprécié comme il méritait de l'être, dans une commission composée d'hommes ayant une compétence très spéciale, nous le voyons choisi comme rapporteur de la loi sur les modifications à introduire dans le régime de la séparation de corps.

Son rapport est devenu la loi qui a été promulguée le 6-8 février 1893. Le but essentiellement moral que se proposaient les partisans de cette loi et en particulier son rapporteur, était de rendre la séparation de corps habitable pour la femme, de manière à ne point la pousser fatalement au divorce. C'est pour cela qu'ils voulaient faire disparaître toutes les nombreuses entraves dont on avait cru devoir charger la femme séparée de corps.

L'obligation d'obtenir l'autorisation maritale, le domicile légal de la femme séparée se confondant avec celui du mari, tout cela créait une situation parfois extrêmement difficile devant laquelle des femmes qui avaient des griefs à faire valoir contre leur mari pouvaient s'effrayer et prendre la détermination de recourir au divorce.

M. Arnault et avec lui bien d'autres excellents esprits pensaient que, pour obvier à ce danger, il fallait nettement transformer la situation de la femme séparée de corps. Il fut assez heureux pour faire triompher sa manière de voir au sein de la commission. Elle décida qu'il y avait lieu de repousser le projet qui avait été transmis du Sénat au Corps législatif, avec cette restriction, que l'autorisation maritale serait nécessaire lorsque la séparation de corps aurait été prononcée contre la femme.

Il fut décidé, sur l'avis de M. Arnault, que l'on soutiendrait le texte de la loi restituant dans tous les cas à la femme la plénitude de sa capacité juridique.

Le rapport de M. Arnault, en date du 28 novembre 1887, fut imprimé et distribué; mais la fin de la législature ne permit pas à la Chambre de voter les conclusions du rapport auxquelles M. Arnault avait rallié toutes les opinions. Ce fut un autre rapporteur qui lut à la Chambre le travail de M. Arnault. Il sera donc toujours vrai de dire : *Sic vos non vobis.*

Elu aux élections de 1889, dans la deuxième circonscription du Tarn-et-Garonne, notre collègue vit s'ouvrir contre lui une nouvelle campagne d'invalidation. A l'aide de ce système on finit par avoir raison, au moins en apparence, dè la résistance de ses électeurs et le candidat agréable fut, sinon nommé, du moins proclamé à sa place.

M. Arnault nous revint.

Il avait fait entendre à la tribune non seulement le langage du droit, mais aussi de nobles et patriotiques paroles, et lorsqu'à l'occasion de la mobilisation du 17e corps d'armée il proposa à l'assemblée de voter, au nom du pays, des remerciements à nos départements du Sud-Ouest, qui avaient fait leur devoir avec un entrain et une abnégation admirables, il eut la bonne fortune d'entendre l'assemblée tout entière accueillir sa motion par des applaudissements unanimes.

Dans un autre temps, les grandes qualités de M. Arnault, son talent si souple, sa vaste érudition auraient été utilisés pour le bien de l'Etat. Sa place était marquée des premières à ne considérer que l'intérêt public. Félicitons-nous de voir que les fumées captieuses de l'ambition n'ont pas ému notre confrère et qu'il a préféré, avant tout, rester d'accord avec sa conscience.

Fort de ce témoignage qu'il avait toujours rempli son devoir, M. Arnault retourna volontiers dans le milieu qu'il n'avait point quitté sans esprit de retour. Il y retrouva ses amis, ses chères études et notre vie de province qui a bien son charme, peut-être parce qu'elle ne connaît pas cette fièvre, ce tourbillon de la capitale qui semble emporter les hommes le jour au travail, le soir au plaisir — le plaisir qui est souvent le but et toujours la perte.

M. Arnault nous revenait, mais les fatigues et les luttes de ses élections avaient ébranlé sa santé. Il portait le germe de cette maladie, presque inconnue de nos anciens, et qui aujourd'hui fait tant de victimes. Si elle ne tue pas directement ceux qu'elle atteint, elle trouble et affaiblit leur organisme, et rend fatale la moindre indisposition qui survient. Et c'est ainsi que, d'une manière inopinée, notre ami a été mortellement atteint alors que, à s'en tenir aux apparences, il semblait jouir d'une santé florissante.

Après une vie droite et honnête comme celle que nous venons de tracer, M. Arnault ne pouvait finir qu'en chrétien Il ne s'est point fait illusion sur son état, se rendant un compte exact de sa fin prochaine, il s'est gravement et pieusement disposé à la mort. Après avoir reçu en pleine connaissance les consolations de la religion et les derniers sacrements, c'est en embrassant l'image du Christ que portait à ses lèvres la main de sa fille désolée, mais forte et courageuse, qu'il a rendu le dernier soupir.

Nous avons perdu un ami, la science un bon et loyal serviteur.

Certes, Louis Arnault fut une grande intelligence et un grand cœur, mais plus encore un homme de bien. Ame forte et généreuse, remplissant toujours son devoir sans ostentation. Il ne connaissait qu'un chemin, la ligne droite, il l'a suivi jusqu'à la mort, sans dévier. Les sentiments d'honneur et de probité parlaient si haut à son cœur, qu'il considérait comme la chose la plus naturelle du monde de bien faire, et attribuait aux enseignements reçus dans son enfance le bien qu'il pratiquait.

Le connaître, c'était l'apprécier et l'aimer.

Pour exprimer les sentiments que tous nous éprouvons, je ne peux mieux faire que de prendre à M. Arnault son propre langage, lorsqu'il vous parlait de mon père avec une bienveillance dont mon cœur ne perdra jamais le souvenir. « De tels hommes se font rares et ne se remplacent pas quel que soit le mérite de leur successeur, leur perte subsiste irréparable. Ils étaient, qu'on nous passe le mot, quelqu'un. »

Voilà le confrère que la mort est venue nous enlever jeune encore, dans la plénitude de ses facultés ; elle met en deuil notre Académie.

Si pour nous cette perte a été particulièrement sensible, on peut dire aussi, sans craindre de rien exagérer, qu'elle a excité des regrets unanimes. Nous en avons vu les touchantes manifestations. Mais ce n'est pas à ce vain bruit que doit s'arrêter notre pensée. Après avoir parcouru la vie et applaudi aux succès de Louis Arnault, nous devons méditer sa mort et recueillir l'enseignement qui s'en dégage.

Heureux, disait M. Arnault, en prononçant l'éloge funèbre de l'un des meilleurs parmi nos confrères, heureux ceux qui méritent une telle mort. Oui, Maître, cette fin digne, honorable, chrétienne, terme et couronnement d'une honnête carrière, vous l'avez aussi méritée.

La mort ne vous a point surpris, vous l'avez vue venir sans la craindre et nous pouvons dire en empruntant les paroles d'un grand poète (1), comme vous mainteneur des Jeux-Floraux :

« Les penseurs ne se défient pas de Dieu! Ils regardent avec tranquillité, avec sérénité quelques-uns avec joie, cette fosse qui n'a pas de fond; ils savent que le corps y trouve une prison, mais que l'âme y trouve des ailes. »

Sentant approcher le moment de la récompense après le dur labeur, c'est avec raison que vous avez pu dire : J'avais assez travaillé. A nous de continuer votre journée interrompue au champ que vous avez fécondé ; à nous surtout de nous inspirer de vos exemples si nous voulons une mort digne comme la vôtre, comme la vôtre entourée de la sympathie, de l'estime, du respect de tous.

(1) Victor Hugo, *Littérature et Philosophie*, t. II, p. 316.

RAPPORT

SUR LES

CONCOURS ORDINAIRES DE L'ACADÉMIE DE LÉGISLATION

POUR L'ANNÉE 1894

Par M. Joseph Timbal, secrétaire-adjoint.

MESSIEURS,

Le rapporteur des concours de l'an passé se plaignait, — ou se félicitait, — de n'avoir pas à rendre compte de nombreux mémoires, et souhaitait que le zèle des concurrents fournît à ses successeurs une plus ample matière (1). Ce vœu ne s'est réalisé qu'en partie. Sur nos quatre concours ordinaires (concours libre, concours des lauréats universitaires, concours pour le prix du conseil général, concours pour le prix du conseil municipal), deux seulement ont été abordés en 1894, au lieu de trois en 1893. Il est vrai que six mémoires ont été présentés pour ces deux concours, tandis qu'un seul avait été présenté à chacun des concours de 1893.

(1) Voir le rapport de M. A. Massol, *Rec. de l'Ac. de législ.*, t. 42 (1893-1894), Fête de Cujas, p. XXI.

I

Pour le concours spécial des lauréats universitaires (1), deux mémoires nous ont été soumis. L'un a pour titre *la Récidive et l'emprisonnement préventif. Théorie et commentaire des lois postérieures au Code Pénal.* L'autre est un *Essai sur les sociétés coopératives de production.* L'Académie les a jugés tous deux également dignes du prix de 200 francs, et, par suite, l'a partagé entre eux.

Le premier mémoire a pour auteur un juriste étranger que l'Académie a déjà couronné (2), M. Typaldo Bassia, docteur de la Faculté de droit d'Aix, aujourd'hui professeur à Athènes.

M. Typaldo Bassia, qui s'intéresse aux problèmes de la criminalité (et qui doit, dans quelques jours, représenter le gouvernement hellénique au congrès pénitentiaire de Paris, où notre vice-président (3) se fera un plaisir de lui apporter, avec nos félicitations, nos témoignages de sympathie) s'est préoccupé du fléau de la récidive, plaie sociale devant laquelle toutes les législations ont échoué. L'expérience montre la nécessité de recourir à deux moyens, pour diminuer le nombre des récidivistes : essayer de corriger les délin-

(1) Mon premier devoir est d'exprimer ma gratitude à mon confrère, M. Bauby, dont le rapport spécial sur ce concours m'a été si utile. J'éprouve à la fois un scrupule, celui de m'être trop servi de ce rapport, et un regret, celui de n'avoir pu m'en servir davantage.

(2) Pour un mémoire sur les *classes ouvrières à Rome.* Voir le rapport de M. de Laportalière, *Rec. de l'Ac. de lég.,* t. 40 (1891-1892), Fête de Cujas, p. XLIV et suiv.

(3) M. Georges Vidal, professeur de droit criminel à la Faculté de droit de Toulouse.

quants primaires et frapper énergiquement les criminels incorrigibles afin de les mettre dans l'impossibilité
de nuire. Diverses lois ont été promulguées en France,
dans ce double but, depuis 1875 jusqu'à 1891. L'auteur du mémoire les étudie dans quatre titres, en
ramenant à quatre les mesures prises, soit pour prévenir, soit pour réprimer la récidive. Ce sont, d'après
sa classification :

1° Les moyens pénitentiaires, c'est-à-dire l'emprisonnement individuel établi par la loi du 5 juin 1875;

2° Les moyens d'élimination, c'est-à-dire la réléga-
tion du récidiviste, organisée par la loi du 27 mai 1885;

3° Les moyens d'amendement et de reclassement. Ils
sont au nombre de trois : la libération conditionnelle, moyen très efficace, d'origine anglaise, qui a
pénétré dans toutes les nations civilisées, et qui, introduit en France en 1832 par mesure administrative, est
entré dans le domaine de la loi par l'article 9 de la loi
du 4 août 1850 et a été généralisé par la loi du 4 août
1885; — le patronage, institution moralisatrice dont
l'Etat a cherché à favoriser l'essor par la loi du
14 août 1888, qui permet au condamné libéré de
trouver du travail et de gagner honnêtement sa vie; —
la réhabilitation du condamné, qui efface la faute
expiée, qui rachète le coupable, et qui constitue même
pour lui un droit depuis la loi du 14 mars 1885;

4° Les moyens judiciaires, c'est-à-dire l'atténuation
et l'aggravation des peines, réglées par la loi du
26 mars 1891; l'atténuation, consistant dans une condamnation conditionnelle, afin d'amener l'amélioration
du délinquant primaire, — l'aggravation, qui varie
suivant qu'il s'agit de la grande ou de la petite
récidive.

A ces quatres titres, l'auteur en a ajouté un cinquième

où il traite de l'emprisonnement préventif, organisé
par la loi du 15 novembre 1892. C'est une matière spéciale qui ne rentre nullement dans le cadre des quatre
autres et que l'auteur aurait donc pu s'abstenir de
toucher ; mais il a tenu, sans doute, à ne pas l'omettre,
pour dégager, d'une manière complète, la philosophie
de toutes les lois pénales votées en France depuis 1875.

M. Typaldo Bassia a parcouru ce vaste champ
d'études avec une aisance de style et une sûreté d'infor-
mations qui pourraient nous étonner chez un étranger,
si nous ne savions de longue date que les Hellènes
aiment et connaissent les choses de France comme
celles de leur pays. Il est au courant non seulement
de nos lois françaises, mais de notre pratique administrative et judiciaire. Il nous apprendrait au besoin
que l'exécution de la loi de 1875 sur l'emprisonnement
cellulaire est, dans plusieurs départements, retardée
par les nécessités budgétaires, — que la libération
conditionnelle a produit d'excellents résultats, — que
les révocations ont été très peu nombreuses, — et même
qu'il a été fait quelques applications malheureuses de la
condamnation conditionnelle, notamment dans l'affaire
de la loterie de Bessèges.

Les appréciations de notre lauréat sont presque toujours exactes et judicieuses. On ne peut qu'approuver
la devise qu'il a choisie et qui résume bien l'esprit qui
l'a inspiré : « Cherchons à prévenir les rechutes, pour
n'avoir pas à les réprimer. Mieux vaut amender sans
réprimer que réprimer sans amender. » Il a également
très bien marqué les conditions qui sont nécessaires
pour le succès du patronage : « Comme toute œuvre
de bienfaisance, le patronage, dit-il, vit de liberté et
d'influence privée. La bienfaisance officielle est toujours forcée et perd à peu près tout son crédit. » Je

serais même porté à m'associer au reproche qu'il
adresse aux juges de faire trop souvent aux récidivistes l'application de l'article 463, sur les circonstances
atténuantes ; mais la critique expire sur mes lèvres
lorsque je trouve sous la plume du digne magistrat qui
a fait à l'Académie le rapport spécial sur le concours
des lauréats universitaires, cette réflexion, fruit d'une
longue expérience et d'une grande sérénité d'âme :
« Peut-être notre jeune auteur verra-il mieux plus
tard que la pauvre humanité a besoin d'indulgence, et
qu'il en faut quelquefois même pour les récidivistes. »

M. Joseph Delpech, avocat, auteur du second mémoire, est lauréat de la Faculté de Toulouse. En même
temps qu'il poursuivait le cours de ses études juridiques, avec un zèle dont je puis rendre personnellement
témoignage, et y obtenait des succès qui ne se sont
jamais démentis, il entreprenait l'examen méthodique
et raisonné de la question ouvrière et portait plus
particulièrement ses investigations sur les moyens
d'apaiser les conflits entre patrons et ouvriers. L'année
dernière, il était couronné par l'Académie des sciences, belles-lettres et arts de Bordeaux, pour un travail
sur les grèves. Cette année, notre Académie lui décerne une médaille d'or de 100 fr. pour un *Essai sur les
sociétés coopératives de production*. Il nous annonce
qu'il a l'intention de continuer la série de ces monographies. L'Académie ne peut que l'y encourager. Elle
a pu constater que M. Delpech a toutes les qualités
requises pour traiter ces délicates matières : la conscience et la patience dans les recherches que de telles
études rendent nécessaires, car elles doivent s'appuyer
avant tout sur les données de l'expérience, — l'esprit
de charité dont doit être animé celui qui s'adonne à

ces problèmes du salariat et du paupérisme, — l'esprit
de sagesse et de mesure, indispensable pour qui ne
veut pas se laisser séduire par les mirages des théories
décevantes ou par les suggestions d'un sentimentalisme
banal.

L'œuvre que nous a soumise M. Delpech est très
largement documentée (1). Tout ce qui a été écrit sur les
sociétés coopératives de production, il l'a lu ; aucune
des enquêtes et statistiques auxquelles elles ont donné
lieu, ne lui a échappé. Il ne se contente pas de nous exposer la législation qui les régit dans les principaux pays,
il nous raconte l'histoire même de ces associations en
France, en Angleterre, en Allemagne, en Suisse, en
Italie, en Espagne, aux États-Unis. « L'auteur a dû,
dit M. le rapporteur spécial de ce concours, faire un
travail très considérable pour condenser tant de faits,
tant de documents, tant de doctrines, pour tout clas-
ser, tout apprécier. »

Il ne vous sera certainement pas indifférent de connaître les conclusions auxquelles aboutit un auteur qui
a si scrupuleusement étudié son sujet. M. Delpech ne
se dissimule pas les inconvénients et les périls des
sociétés coopératives de production. Il constate l'insuccès de beaucoup de celles qui ont été fondées et
n'espère guère qu'elles puissent se généraliser. La
sphère d'application de la coopération lui apparaît

____

(1) Il y a une réserve à faire quant à l'interprétation qu'il donne
d'un très important document, l'Encyclique *de conditione opificum*.
Le pape Léon XIII, en indiquant les diverses formes des associations ouvrières pouvant servir de remèdes aux maux corps social,
ne parle pas des sociétés coopératives. M. Delpech en conclut que
le Pape les condamne. C'est une erreur. M. le rapporteur spécial a
relevé dans l'Encyclique plusieurs passages qui impliquent « l'approbation implicite de toute association ouvrière chrétienne quelle
que soit la forme choisie ».

comme nécessairement restreinte : elle ne peut pas
s'appliquer aux grands travaux ; elle s'adresse seulement à la petite industrie et à la moyenne supérieure
de la classe ouvrière. Mais, même dans cette sphère
restreinte, elle trouve, soit des obstacles naturels,
comme le phénomène de la hausse et de la baisse des
cours que les ouvriers ne peuvent subir qu'avec peine
(car ils ont besoin pour vivre de leur gain de chaque
jour), soit des obstacles artificiels, comme la jalousie
des associés entre eux, la difficulté de réaliser l'unité
nécessaire d'une direction intelligente et honnête, l'esprit de méfiance des ouvriers.

Et cependant que d'avantages sérieux présente cette
espèce d'association ! Si elle ne s'adresse qu'à la
moyenne supérieure de la classe ouvrière, elle est du
moins un organisme destiné à faire émerger les plus
laborieux et les plus prévoyants ; elle leur permet de
monter à un rang supérieur, et les sociétés coopératives deviennent ainsi, suivant l'expression dédaigneuse
d'un ouvrier non coopérateur, des *boîtes à petits patrons*. Mais notre lauréat insiste surtout sur l'heureuse influence que la multiplication de ces sociétés
coopératives exercerait au point de vue qui le préoc-
cupe : l'apaisement des conflits entre patrons et ouvriers ; car, dit-il, si elles procuraient de grands béné-
fices aux associés, elles obligeraient les patrons à
élever le taux des salaires, sous peine de voir leurs
ouvriers les abandonner pour venir en nombre aux
sociétés coopératives ; ou bien si elles ne procuraient
que des revenus ordinaires, les ouvriers, par la force
même des choses, accepteraient sans se plaindre la
modicité de leur rémunération.

II

Quatre mémoires ont été présentés au concours libre.

Je ne dirai qu'un mot de celui qui a pour titre : *Effets de la subrogation : art. 1251-1° du Code civil*, dans lequel sont traitées quelques questions détachées relatives aux rapports de la subrogation de l'article 1251-1° avec la solidarité. Ce travail, très bref, et cependant surchargé par une inutile dissertation sur la nature de la subrogation en général, dénote un esprit curieux des questions de droit, mais trahit un esprit novice, surtout dans l'art de la composition. Le sujet d'ailleurs était mince et pouvait fournir plutôt le cadre d'un article de revue que d'un mémoire.

Autrement important est un second travail, — il a 191 pages grand format — qui a pour titre : *Histoire de la communauté conjugale. Influence exercée sur la législation et la pratique de ce régime par les principales modifications survenues dans les institutions politiques, les institutions de famille, l'ordre économique.* Ce sujet était de nature à attirer spécialement l'attention de l'Académie qui, tout en laissant aux candidats du concours libre la liberté du sujet, leur recommande de choisir un « sujet se rattachant de préférence à l'histoire d'une coutume ou d'une institution juridique ». L'auteur a sans doute parcouru une vaste carrière : après être remonté jusqu'à l'ancienne Egypte, aux Grecs, aux Romains et aux Gaulois, et avoir trouvé chez les Barbares l'idée première de la communauté, il en a suivi l'éclosion et le développement dans le droit coutumier, dans notre Code civil et dans les législations européennes modernes. Sans doute il s'est livré à de sérieuses recherches, et le souci constant d'éclairer les diverses phases de l'histoire de la communauté par l'influence des institutions politiques, des institutions de famille et de l'ordre économique, donne à son œuvre le cachet d'une grande unité. Sans doute nous pourrions relever dans son examen critique des avantages et des inconvénients du régime de communauté de justes et fines observations. Mais, en réalité, l'exécution n'a pas réalisé les espérances que le titre nous avait fait concevoir, et l'on peut dire que l'auteur a plutôt tracé le cadre du sujet qu'il ne l'a rempli.

Son érudition est incomplète et souvent fautive. Il ne cite seulement pas l'ouvrage devenu classique du jurisconsulte suédois d'Olivecrona : *Précis historique de l'origine et du développement de la communauté de biens entre époux*, ni les travaux moins connus qu'a publiés M. Guilhermoz dans la *Bibliothèque de l'Ecole des Chartes*. Tel livre qu'il a consulté, par exemple, *l'Histoire du régime dotal et de la communauté en France*, de notre regretté confrère M. Ginouilhac, aurait pu être plus utilement mis à contribution. Ses renseignements sur l'Egypte, la Grèce et les Gaulois sont à peu près insignifiants. Des textes dont on a pu déduire l'existence d'une certaine communauté conjugale chez les Romains, il a négligé le plus important, la *laudatio funebris pro Turia*. Les erreurs et les assertions hasardées abondent dans les parties où sont étudiées les institutions germaniques et le droit des Capitulaires. Les textes n'ont pas toujours été consultés directement, par exemple, le Capitulaire de Louis le Débonnaire, de 821, que notre auteur interprète à contre-sens. La même légèreté dans l'étude des sources se retrouve dans les développements relatifs à l'ancien droit. Beaumanoir serait bien étonné de ce que notre auteur lui fait dire au chapitre XII, sur l'éclat du nom, etc.

Son histoire de la communauté coutumière est un peu confuse : il n'en distingue pas nettement les deux grandes périodes : celle où le mari avait tous les pouvoirs sans que la femme eût, par compensation, quelques prérogatives à la dissolution de la communauté, et celle où tout à la fois l'on réduisit les pouvoirs du mari pendant la communauté et l'on créa pour la femme, à la dissolution, tout un système de garanties et de privilèges destinés à la protéger contre la mauvaise administration de son mari. Il ne marque pas le rôle prépondérant qu'a joué dans cette évolution du régime de la communauté, Dumoulin, le grand jurisconsulte auquel les femmes communes auraient pu décerner ce titre d'*uxorius* que l'empereur Justinien avait reçu de la reconnaissance des femmes dotales (1). Dans le Code civil, il ne délimite pas, avec une suffisante précision, les droits respectifs du mari et de la femme. Son examen des législations étrangères est superficiel et contient plusieurs inexactitudes. Quant à ce que l'on pourrait appeler la géographie du régime de communauté, nous étions en droit d'attendre des renseignements plus complets et plus sûrs, grâce surtout aux

____

(1) A moins que ce ne soit plutôt un sobriquet que lui infligèrent ses contempteurs. « L'empereur Justinian, dit Pasquier, par l'une de ses constitutions, avoit par exprès ordonné que les deniers dotaux fussent préférés à toutes autres hypothèques : privilège pour lequel il fust aussy appelé *uxorius*, par forme de sobriquet, comme celuy qui avoit introduit cette ordonnance, pour obéir aux importunités de sa femme. » (*l'Interprétation des Instituts de Justinian*, liv. 2, chap. 86, p. 354 de l'édition Giraud).

statistiques qu'a dressées pendant quelques années la chancellerie, et dont un de nos confrères a tiré un si heureux parti dans son intéressante étude sur les *Régimes matrimoniaux actuellement pratiqués dans le pays toulousain* (1).

Enfin, nous ne pouvons nous empêcher de signaler, comme contraires à tout esprit scientifique, quelques conjectures singulières, pour ne pas dire fantaisistes, par lesquelles notre auteur prétend expliquer certaines innovations de notre ancien droit. Peut-on affirmer, sans témérité, que les avantages reconnus aux femmes par les Assises de Jérusalem aient été motivés « par le désir d'entraîner dans des contrées lointaines des jeunes filles désireuses de se marier ou les femmes des croisés jalouses de partager la fortune de leurs maris » ? Est-il croyable que Philippe-Auguste ait édicté son ordonnance de 1214, sur le douaire, en vue de « conquérir les bonnes grâces des femmes des barons français, afin de détacher plus facilement leurs maris du roi d'Angleterre ? » Et lorsque notre auteur insinue que l'adultère est moins fréquent de la part des époux mariés sous le régime de communauté, nous persuadera-t-il facilement qu'un homme ou qu'une femme lise son contrat de mariage avant de donner le coup de canif !

Ce travail, auquel nous n'avons pas ménagé les critiques, nous l'aurions peut-être jugé moins sévèrement s'il n'avait souffert de la comparaison avec deux autres mémoires, remarquables à des titres divers et à chacun desquels l'Académie décerne une médaille d'or de 200 francs.

---

(1) Cette étude, de M. Joseph Bressolles, a paru dans la *Revue du notariat et de l'enregistrement*, de 1880.

Des droits du conjoint survivant, tel est le titre de l'un de ces deux mémoires, dû à M. Léonce Thomas, avocat à la Cour d'appel de Bordeaux, qui est pour la seconde fois notre lauréat (1) et qui a tenu à honneur de revendiquer les droits que l'article 34 de nos statuts confère à ceux qui ont obtenu dans les concours de notre Académie deux médailles d'or.

La loi du 9 mars 1891, qui est venue bien tardivement combler deux lacunes du Code civil, a été l'objet de nombreux commentaires. M. Thomas déclare modestement qu'il n'a eu d'autre intention que de les coordonner. Il est vrai qu'il les a lus tous, ou presque tous (2), monographies, articles de revue, observations pratiques du *Journal des notaires,* et qu'il les a consciencieusement dépouillés. Mais ce n'est pas son seul mérite. Son étude est distribuée d'après un plan très méthodique. La créance alimentaire du conjoint survivant, que les précédents commentateurs avaient trop négligée, est traitée avec autant de soin que le droit de succession en usufruit. La discussion des questions controversées est d'une richesse étonnante. Les travaux préparatoires sont analysés avec beaucoup

(1) Voir le rapport de M. Brissaud sur son mémoire : *Le droit sur les mines et les ouvriers mineurs; Rec. de l'Ac. de lég.,* t. 37 (1888-1889), Fête de Cujas, p. xxvii et suiv.

(2) Il n'a pas connu l'étude de M. Bouvier-Bangillon, *Des droits successoraux du conjoint survivant,* qui a paru dans la *Revue générale du droit* de 1891 et 1892 : il y aurait trouvé notamment une théorie ingénieuse sur la séparation des patrimoines qui existerait de plein droit au profit du conjoint survivant créancier vis-à-vis de la succession d'une pension alimentaire. Il n'a connu que par des citations faites par d'autres auteurs : l'*Explication de la loi du 9 mars 1891 relative aux droits de l'époux survivant sur la succession de son conjoint prédécédé,* par M. Gustave Bressolles, qui a paru dans le *Rec. de l'Ac. de lég.,* t. 40 (1891-1892), p. 1 et s.

de conscience et même reproduits dans les passages les plus dignes de fixer l'attention. L'exposition est toujours très claire et très nette, et si ce travail se distingue, quant au fond, par l'abondance, il ne se distingue pas moins en la forme par les qualités de concision. Et même, M. Thomas nous prouve bien qu'il sait s'émanciper de l'influence des auteurs, et son indépendance se révèle, par exemple, lorsqu'il soutient, contre la jurisprudence et contre presque toute la doctrine, la validité de l'exhérédation pure et simple du conjoint survivant par le conjoint prédécédé (1).

Nous ne tenterons même pas d'esquisser l'analyse d'une œuvre aussi considérable. Bornons-nous à signaler, parmi les plus remarquables parties de ce vaste ensemble : l'explication du rapport de la loi de 1891, qui n'est ni le rapport réel de l'article 843, ni le rapport fictif de l'article 922; l'examen de la question de savoir si le conjoint survivant est lui-même tenu au rapport; l'exposé du conflit entre le droit du conjoint survivant et les droits de réserve et de retour ; la discussion sur le cumul du droit d'usufruit de la loi de 1891 et des avantages établis par les lois antérieures; le développement de la thèse d'après laquelle le conjoint survivant, quoique successeur irrégulier, ne serait pas soumis aux formalités des articles 769 et suivants du Code civil; la comparaison entre la pension alimentaire qui est due au conjoint survivant par la succession du prédécédé et celle qui lui est due par ses enfants, *jure sanguinis*.

La part à faire à la critique est assez faible : les défauts de l'auteur sont surtout les excès de ses qua-

(1) V. en ce sens : Huc, *Commentaire du Code civil*, t. 5, nº 135.

lités. Le souci excessif de la méthode l'a fait tomber
dans quelques redites. Le scrupule exagéré de la précision l'a induit à nous donner quelques explications
inutiles parce qu'elles étaient trop évidentes, par
exemple, lorsqu'il spécifie que le droit d'usufruit du
survivant constitue un véritable droit de succession,
donnant lieu à l'application de la théorie de l'indi-
gnité, et non pas celle de la révocation pour cause
d'ingratitude, ou lorsqu'il expose que ce droit de succession est indépendant du régime matrimonial adopté
par les époux et de la situation pécuniaire du survivant. La minutie d'une analyse trop méticuleuse l'a
égaré au point qu'il ne craint pas d'affirmer, contre
toute vraissemblance, que la loi de 1891 n'a prévu et
réglé que : 1° le cas où il existe des enfants du mariage ; 2° le cas où il existe des enfants d'un précédent
mariage ; mais non 3° le cas où il existe des enfants
des deux lits. La préoccupation de ce qui a été écrit
avant lui lui a fait inconsciemment incorporer dans
son travail des fragments d'auteurs auxquels il eût été
capable de donner une forme personnelle.

Que M. Thomas supprime quelques longueurs, qu'il
fonde dans son texte quelques passages trop littérale-
ment empruntés à ses devanciers, qu'il mette son
œuvre à jour en utilisant les décisions judiciaires
intervenues et les ouvrages parus (1) depuis le dépôt de
son mémoire, et nous aurons le livre le plus complet,
le plus riche, le plus précieux à consulter par les pra-
ticiens que tourmente si souvent l'interprétation de la
nouvelle loi.

(1) Parmi ces ouvrages, M. Thomas remarquera surtout celui de
notre confrère, M. Roger Teullé : *Le conjoint survivant et la loi du
9 mars 1891*, Toulouse, 1895.

L'autre mémoire, auquel l'Académie décerne également une médaille d'or de 200 francs, est intitulé : *Bonaparte et le Code civil. De l'influence personnelle du premier Consul sur notre législation civile*, et porte pour devise : *Suum cuique*. Il a pour auteur M. Ernest Jac, docteur en droit, à Angers. C'est un sujet sur lequel l'Académie peut se flatter d'avoir été la première à provoquer l'attention des jurisconsultes (1). Elle l'avait choisi, il y a plus de trente ans, pour le concours du prix du Conseil général (2) ; et les deux mémoires qu'elle couronna, en 1864, l'un de M. Pérouse (3), l'autre de M. Madelin (4), ont, on peut le dire, enrichi la littérature juridique. M. Jac, qui n'a d'ailleurs de ces deux livres connu que le second, nous a montré que le sujet n'était pas épuisé.

Il l'a surtout renouvelé par l'art achevé de la composition, l'agrément et la vivacité du style, le tour piquant donné à la pensée, et la veine caustique d'un esprit à l'emporte-pièce. Mais ce n'est que par une

---

(1) Il avait cependant été esquissé déjà en France, par Rondonneau : *Napoléon le Grand considéré comme législateur*, Paris, 1808, in-8, 62 p , et par l'avocat-général Nicias Gaillard, dans le discours qu'il avait prononcé à la rentrée de la Cour de cassation, le 4 novembre 1855 ; à l'étranger, par Gonner, dont le travail inséré dans les *Archiv. für die Gesetzgebung und Reforme des juristischen Studiums* avait été signalé par Aubry et Rau (t. 1, p. 16, note 3, § 10), mais que M. Jac a été le premier à utiliser, et par Swart, *de Napoleonte legislatore et jurisconsulto*, Amsterdam, 1855.

(2) Voir le rapport de M. Rozy dans le *Rec. de l'Acad. de législ.*, t. 13 (1864), p. 450-459.

(3) *Napoléon Ier et les lois civiles du Consulat et de l'Empire*, par Honoré Pérouse, avocat à la Cour impériale de Lyon, in-8, 1866.

(4) *Le premier consul législateur*, par E. Madelin, substitut du procureur impérial à Mirecourt, in-8, 1865.

lecture complète qu'on peut se faire une idée de ces qualités du mémoire.

Ce que je puis du moins vous faire connaître, c'est sa valeur documentaire, ses appréciations critiques sur les idées législatives du premier consul et sa conclusion.

Pour se rendre un compte exact de l'intervention de Bonaparte dans la rédaction du Code civil, on doit consulter d'abord les procès-verbaux du Conseil d'Etat rédigés et publiés par Locré. Mais il ne faut pas s'y tenir, si l'on veut avoir la pensée de Bonaparte dans le vif de son expression, dans la spontanéité de son jet, dans le relief de ses formules. Le premier consul s'abandonnait volontiers, dans ces discussions à huis-clos du Conseil d'Etat, aux élans d'une verve tour à tour familière et emportée ; il usait d'une langue colorée, pittoresque, imagée, verte parfois, et pleine de saillies. L'austère greffier du Conseil d'Etat, qu'effarouchait la libre allure de ces improvisations, a traduit la pensée de Bonaparte, à la mode des traducteurs du dix-huitième siècle, c'est-à-dire à peu près comme Bitaubé traduisait Homère, et Letourneur, Shakespeare. Heureusement que parmi les membres de la docte assemblée, il s'en trouvait un qui, n'éprouvant pas ces scrupules, et goûtant, au contraire, cette éloquence primesautière et débridée, en fixait pieusement les traits dans sa mémoire et les recueillait le soir dans ses notes intimes, pour les livrer plus tard à la publicité. En dehors du recueil de Locré et des *Mémoires sur le Consulat* de Thibaudeau, il convient de relever de nombreux passages dans la volumineuse correspondance de Napoléon et dans le *Mémorial de Sainte-Hélène*. Notre auteur a puisé trop discrètement à ces deux dernières sources que M. Pérouse avait si

habilement exploitées ; mais il a consulté avec soin
Locré et Thibaudeau, et les a même complétés, au dernier moment, par de précieux renseignements empruntés à deux ouvrages qui venaient à peine de paraître
quand il a déposé son manuscrit : *Napoléon et les
femmes*. de Frédéric Masson, et *Napoléon intime,* de
Arthur Lévy.

Quant aux appréciations critiques que nous présente
M. Jac au fur et à mesure qu'il constate la participation de Bonaparte à la discussion des divers titres du
Code Civil, je ne puis en donner qu'une rapide synthèse.

Nous sommes frappés d'abord de ce que les idées
qu'a défendues le premier Consul n'ont pas été toujours désintéressées. Deux fois, au moins, il s'est beaucoup plus soucié de ses intérêts personnels et de ses
visées ambitieuses, que des données de la raison et des
notions de ce qu'il appelait la *justice civile*. C'était
l'époque, dont a parlé le poète, où......,

> Déjà Napoléon perçait sous Bonaparte,
> Et du premier Consul déjà par maint endroit
> Le front de l'Empereur brisait le masque étroit.

Escomptant l'avenir duquel il attendait la couronne impériale, et désespérant d'avoir de Joséphine une postérité, il s'inquiétait des moyens de s'assurer un successeur
au trône. C'est dans ce but, — ainsi que l'avait déjà si
vigoureusement établi notre regretté Rodière , dans
l'étude posthume qui honore notre recueil: *De quelques
séances mémorables du Conseil d'Etat* (1), — qu'il lutta
avec tant d'insistance pour faire admettre l'incompatibilité d'humeur comme cause de divorce, et que, battu
sur ce point, il fit du moins accepter le divorce par

____

(1) *Rec. de l'Acad. de législ.*, t. 23, 1874, p. 274 et s.

consentement mutuel (1). C'est également dans ce but
qu'il songea d'abord à emprunter au Droit romain sa
conception artificielle et fausse d'une adoption créant
une filiation aussi pleine qu'une filiation légitime.

Les considérations politiques ont plus d'une fois
trouvé place à côté des suggestions de l'intérêt personnel, notamment lorsqu'il demanda que le Code civil
consacrât définitivement les dispositions prises par les
lois révolutionnaires contre les émigrés.

Vous pouvez bien penser aussi que les préoccupations militaires du « général » ne sont pas restées
étrangères à l'esprit du « législateur ». S'il demande
d'adopter comme critérium de la nationalité d'origine
le *jus soli,* c'est dans l'intérêt de la conscription. Sa
préoccupation se traduit même par le langage dans
les matières où des intérêts de cette nature ne semblent
pas en jeu : c'est ainsi qu'il déclare qu' « un père
riche et aisé doit toujours à ses enfants la *gamelle*
paternelle. »

Enfin, on ne peut s'empêcher de sourire, avec
M. Jac, de l'importance puérile que le premier Consul
attachait aux formes et aux solennités, par exemple en
matière de mariage et d'adoption. « Il eût été de force,
dit M. Jac, à faire placer dans toutes les mairies les
orgues qui fonctionnent aujourd'hui dans quelques-
unes, afin que le mariage civil n'ait plus rien à envier

---

(1) M. Jac résume l'histoire du divorce de Napoléon et du procès
en nullité de son mariage religieux avec Joséphine. Depuis le dépôt
de son mémoire, il a paru plusieurs publications sur ce sujet :
Colmet de Santerre, *Le divorce de l'Empereur et le Code Napoléon,*
dans les *Séances et travaux de l'Académie des sciences mor. et
pol.,* série, t. 141 (1894); Geoffroy de Graudmaison, *Napoléon et
les cardinaux noirs;* duc de Fesenzac, *Le divorce de Napoléon et
l'abbé de Montesquiou, Revue de Gascogne,* mai 1895.

au mariage religieux, l'un et l'autre s'accomplissant en musique. » Et l'institution de l'adoption, telle que l'avait voulue Napoléon, « sacrement civil », qui devait être conféré par le ministre de la justice, « agissant comme le grand pontife de la France », rappelle à notre spirituel lauréat le baptême laïque de Saint-Ouen.

En dehors de ces observations générales que nous avons dégagées de la lecture du mémoire de M. Jac, il ne nous est pas possible de rappeler ici toutes les appréciations de détail qu'il donne à propos de chacune des interventions de Bonaparte dans la discussion du Code civil. Qu'il nous suffise d'en rapporter quelques-unes, à titre d'exemples.

M. Jac ne lui ménage pas ses éloges quand il tente vainement d'apitoyer ses collègues sur la situation du mort civilement ; — quand il soutient que la femme du Français expatrié ne doit pas cesser d'être française ; — quand il inspire tant de sages précautions pour la sauvegarde des droits de l'absent ; — quand il fait reculer l'âge du mariage (1) ; — quand il détermine des restrictions à l'action en désaveu, soit au point de vue de sa durée, soit au point de vue des personnes admises à l'exercer ; — quand il recommande, tout en voulant favoriser l'adoption, d'éviter d'en faire comme une concurrence du mariage et une cause de dépopulation ; — quand il insiste pour la restriction de la représentation en ligne collatérale (2), etc., etc.

(1) C'est à ce propos que F. Laurent a écrit : « Il y avait au Conseil d'Etat un homme étranger au droit et qui illuminait parfois les débats par un éclair de génie : c'était le premier Consul. » (*Avant-projet de révision du Code civil*, t. I, p. 331.)

(2) Quant aux articles du Code relatifs aux actes de l'état-civil des militaires en pays étranger, il avoue qu'ils sont dus à Bona-

A l'inverse, M. Jac reproche à Bonaparte d'avoir traité « très cavalièrement » la question de l'erreur sur la personne en matière de mariage ; — d'avoir pris la nullité de mariage pour une peine, et non pour une réparation, et d'avoir demandé, en conséquence, que la nullité au cas d'erreur sur la personne fût couverte par l'honnêteté ultérieure du conjoint, — d'avoir soutenu que la nullité du mariage pour violence devait être couverte par la consommation, qui peut être elle-même le résultat de la violence ; — d'avoir exagéré les obligations du père à l'égard de ses enfants ; — d'avoir été parmi les esprits les plus avancés du Conseil d'État sur la question du divorce, et d'avoir voulu faire rejeter presque complètement la séparation de corps ; — d'avoir, en matière de succession et de vente, attaché une trop grande importance à la fortune immobilière ;

parte, qui le premier mit en avant la maxime : *Partout où est le drapeau, là est la France*. Mais il ajoute : « Nous avons peine à partager l'enthousiasme des contemporains pour le législateur, quand nous songeons à la multiplicité des applications que devait rencontrer sous son règne ce chapitre V, à propos du décès des militaires », et il rappelle qu'un jour, pour plaire à une dame, Napoléon commanda une attaque d'avant-poste absolument inutile, dans laquelle périrent plusieurs soldats. Il aurait pu citer le mot de Napoléon à M. de Metternich : « Je me f... de 100,000 hommes comme d'une prise de tabac. » Dans ses *Mémoires* récemment publiés, le maréchal de Castellane raconte que quelques jours après son retour de Russie, l'Empereur, recevant M. de Rémusat, lui dit : « Nous avons fait de grandes pertes cette année. — Oui, Sire, répondit M. de Rémusat, mais le génie de votre Majesté les réparera. — Il est bien question de cela ! reprit l'Empereur. C'est de la perte de Mme Barilli (célèbre chanteuse de l'Opéra-Buffa) que je vous parle. » « Ces mots partis du cœur et bien d'autres que l'on pourrait citer, dit le *Journal des Débats* du 30 mai 1895, ne semblent guère faits pour accréditer la légende du « Napoléon brave homme » que la nouvelle école du bonapartisme sentimental essaye d'inculquer aux jeunes générations. »

— d'avoir développé sur l'adoption les idées les plus contraires aux sentiments de la nature. Il voulait que l'adopté sortît de sa famille naturelle, de telle sorte que, *sur un bateau menacé de périr*, le fils adoptif dût sauver le père adoptif plutôt que le père naturel, « comme si, a dit finement Nicias Gaillard, on pouvait changer de place le cœur de l'homme »! Mais là surtout où M. Jac émet des appréciations justement sévères, c'est en ce qui concerne les théories du premier consul sur la recherche de la paternité (1), sur l'obéissance de la femme et sur l'autorité maritale qui devaient être telles que toute exception à la règle *is pater est quem nuptiæ demonstrant* serait devenue inutile. Il manquait à ce législateur d'un esprit si souple et si étendu l'élévation des sentiments, la délicatesse morale, le respect de la femme. Par un singulier renversement des notions les plus rudimentaires, son historiographe le plus récent et le moins discret a prétendu le réhabiliter à nos yeux et le présenter sous son jour le plus favorable en nous fournissant, avec complaisance, le dénombrement de ses maîtresses et de ses bâtards. « Rien ne put parvenir, comme le dit M. Jac, à faire disparaître le soudard aux désirs impétueux, aux appétits violents, qui se dissimulait sous la pourpre impériale ». Oui, il était de ceux qui ne voient dans la femme qu'un instrument de plaisir ou un instrument de reproduction. Il avait puisé ses idées sur le rôle de la femme dans les mœurs du Directoire

(1) L'insistance du premier Consul pour faire restreindre la recherche de la paternité a été souvent signalée. Voir Valette, *Cours de Code civil*, t. I, p. 445 ; Viollet, *Histoire du droit civil français*, p. 469, note 1, et surtout Léon Giraud, *La vérité sur la recherche de la paternité, Revue crit. de législat.*, 1884, p. 613, 616-617, 619 et s., 624 à 626, 680.

et dans celles de l'Orient. Il avait une secrète prédilection pour la polygamie, si l'on en croit non seulement un détracteur comme Acollas, mais aussi un panégyriste comme M. F. Masson. On peut joindre aux documents déjà connus à cet égard une conversation récemment publiée (1), dans laquelle Napoléon, captif à l'île d'Elbe, déclarait, à un jeune anglais, que Mahomet avait été sage d'inscrire la polygamie dans sa loi.

Dans la conclusion de son mémoire, notre lauréat se demande par quel nom il convient de désigner le Code de 1804. Il ne méconnaît pas la part active que prit le premier consul à sa rédaction, il avoue que « l'énergie de sa volonté hâta la codification de nos lois civiles », il manifeste sa surprise « de voir avec quelle merveilleuse faculté d'assimilation » il sut prendre part aux discussions « les plus ardues ». Mais, considérant que l'idée de faire un Code ne vient pas de lui, que l'élaboration n'est pas de lui seul, que « plus d'un aurait au moins autant que lui le droit de se glorifier de notre Code civil », il voudrait qu'on enlevât à ce Code le titre de Code Napoléon qu'il porte officiellement en vertu d'une loi de 1807, et d'un décret du 27 mars 1852. La proposition en avait été faite à l'Assemblée nationale par M. Salneuve ; la prise en considération fut demandée par un rapport de M. Mazeau, aujourd'hui premier président de la Cour de cassation (2) : il n'y a pas été donné suite, mais dans la pratique et même dans le langage de la loi, on a restitué au Code son premier et véritable nom, celui de « Code civil des Français ».

(1) *Revue bleue*, 1er semestre 1894, p. 750-751.
(2) *Journal officiel* du 14 juillet 1872, annexe n° 1267.

Sans contredire la conclusion de M. Jac (1), il nous sera permis de regretter que l'ensemble de son travail accuse une espèce de parti-pris de diminuer la gloire législative du premier Consul (2). Ne serait-ce que par charité, ne cherchons pas à lui rogner cette part de sa gloire. C'est la page la plus belle et la plus durable de son histoire. Son œuvre administrative est caduque, et nous en pouvons légitimement espérer une refonte prochaine. Sa gloire militaire, en dépit des tentatives de résurrection de la vieille légende, ne peut plus nous séduire : elle pâlira toujours devant le souvenir des démembrements de la patrie auxquels est attaché le nom des Bonaparte. Mais on n'oubliera jamais le service qu'il rendit à la France en se faisant le promoteur du Code civil. Il a eu lui-même, dans ses méditations solitaires de Sainte-Hélène (3), le pressentiment de l'arrêt que porterait sur lui la postérité : « Ma gloire n'est pas d'avoir gagné 40 batailles... Watterloo effacera le souvenir de tant de victoires; c'est comme le dernier acte qui fait oublier les pre-

(1) Voir en sens divers : F. Laurent, *Principes de droit civil*, I, nº 1 ; Spuller, *Revue bleue*, 2ᵉ semestre 1884, p. 611 ; Demante, *Cours analyt. de Cod. civ.*, t. I, nº 41 ; Planiol, *Grande encyclopédie*, t. XI, Vᵉ *Code civil*. Ce dernier auteur écrit p. 790 : « Nous devons le reconnaître : c'est à la volonté, ou si l'on veut, à l'ambition de Bonaparte que nous le devons ; ce ne serait que justice de lui laisser le nom de *Code Napoléon*. » Mais, p. 791, il dit : « Deux hommes surtout doivent être considérés comme les vrais auteurs du Code civil, Portalis et Tronchet... Ceux qui méritent le plus d'être mis après eux sont : Cambacérès, le conseiller d'Etat Treilhard et Bonaparte lui-même. »

(2) M. H. Pérouse rappelle, p. v, que le tribun Carnot dit, lorsqu'il combattit la transformation du Consulat en Empire : « Ne dussions-nous à Bonaparte que le *Code civil*, son nom mériterait de passer à la postérité. »

(3) Montholon, *Récits de la captivité*, t. I, page 401.

miers. Mais ce que rien n'effacera, ce qui vivra éternellement, c'est mon Code civil. »

Injuste parfois pour le premier Consul, M. Jac ne rend pas non plus aux membres du Conseil d'Etat la justice qui leur est due et leur adresse des critiques imméritées. Comment a-t-il pu résister à l'admiration qui s'est emparée de l'esprit même des étrangers, — et des plus hostiles aux institutions politiques de cette époque — par exemple, de ce jurisconsulte belge qui a dit du Code civil que « ces lois ont été discutées par des assemblées comme il n'en exista jamais au sein d'aucun peuple (1) ? » Comment rester insensible en présence d'un si prodigieux labeur accompli en si peu de temps (2) (car alors, suivant l'heureuse expression d'un de nos confrères (3), la loi avait la même rapidité que la victoire)? N'est-il pas excessif d'assurer que les membres du Conseil d'Etat n'avaient « aucune notion de droit naturel » et qu'ils étaient « peu versés dans les questions d'économie politique et sociale ? » Est-ce rendre un compte suffisant de ce qu'était la philosophie de Portalis, ou la science de Tronchet, que de dire qu'ils étaient « pleins de bonnes intentions » ? Et qualifier en passant Cambacérès

(1) F. Laurent.

(2) « Malgré quelques taches qui déparent l'ensemble d'ailleurs si remarquable de ce Code, il restera toujours un sujet d'étonnement pour qui tiendra compte du court espace de temps dans lequel il a été fait. » (Aubry et Rau, § 16, t. I, p. 25). « Ce n'est sans doute pas une œuvre irréprochable. Mais si l'on considère ce qu'était autrefois notre législation, le peu de temps qu'a duré ce travail, et les services qu'en a retirés la société moderne, personne assurément ne refusera de payer à ses auteurs un juste tribut d'admiration et de reconnaissance. » (*Répétit. écrit. sur le Cod. civ.*, par Mourlon, t. I, n° 37.)

(3) M. Dubédat, *loc. cit. infrà*, p. 119.

« disciple d'Epicure bien plus que de Lycurgue »,
n'est-ce pas résumer d'une façon trop sommaire cette
participation si active de Cambacérès à l'élaboration
du Code civil, dont un de nos confrères (4), vous
racontait, il y a trente-sept ans, l'attachante histoire?
M. Jac ne jette-t-il pas à la légère de bien graves
soupçons sur l'indépendance du Conseil d'Etat vis-à-
vis de son président de droit? Pourquoi écrire qu'aucun des membres de ce grand corps n' « osa » combat-
tre le principe du divorce? S'ils ne l'ont pas fait, c'est
qu'ils étaient tous véritablement partisans de cette
institution. M. Jac lui-même nous a cité maints exemples de résistance victorieusement opposée aux pro-
positions du premier Consul, même de celles qui lui
tenaient le plus à cœur. Est-ce que Tronchet et
Régnaud de Saint-Jean d'Angely n'ont pas fait rejeter
son idée de consacrer dans le Code les mesures prises,
sous la Révolution, contre les émigrés? Est-ce que les
efforts de Bonaparte pour faire admettre le divorce
par incompatibilité d'humeur ne se sont pas brisés
contre la volonté inflexible du Conseil d'Etat? Ne
nous figurons pas ses membres devant le premier
Consul, pendant toute la discussion du Code civil,
comme les sénateurs de la Rome impériale, *sur les
yeux de César composant leur visage* (1). « Thibaudeau vous fait assister, dans ses *Mémoires sur le
Consulat,* à une scène d'intérieur qui montre à

---

(1) M. Dubédat, *Cambacérès et de la part prise par le second
consul aux travaux préparatoires du Code Napoléon,* Rec. de
l'Ac. de lég, t. 7 (1858), p. 92 à 124. M. A. Debidour exagère
lorsqu'il dit : « L'œuvre capitale de Cambacérès pendant le Consulat fut le Code civil, dont il doit être regardé comme le principal
auteur. » (*Grande encyclopédie,* V° Cambacérès, t. 8, p. 1036).

(2) Racine, *Britannicus,* acte V, scène V.

quel degré la liberté de parler régnait dans le Conseil d'Etat (1) ». On discutait la question, qui semble peu passionnante, de savoir si les créanciers du défunt pourraient poursuivre la réserve. L'affirmative était soutenue par plusieurs, surtout par le premier Consul. Cambacérès défendit l'opinion contraire, celle qui a définitivement prévalu dans l'article 921 du Code civil. Le débat s'anima, et le futur archi-chancelier « eut un moment d'humeur qui l'entraîna de la malice à la colère » (2). Il dit à demi-voix que ses adversaires raisonnaient comme des avocats de l'audience de sept heures. Bonaparte le répéta tout haut en riant. Se tournant alors vers lui : « Vous êtes bien le maître, lui dit Cambacérès, d'établir un nouveau système, mais vous ne contesterez pas que la jurisprudence n'y soit contraire. On ne vous persuadera pas qu'après trente ans d'études et d'expérience nous soyons des ignorants et des imbéciles ». Le premier Consul, ajoute Thibaudeau, parut fort étonné de cette sortie, parla bas à Cambacérès, et dit, en riant, après la séance : « Il s'est fâché tout rouge; ma foi je n'ai su dans le moment que lui répondre. »

Au surplus, M. Jac ne s'est pas aperçu qu'en attribuant tant de dispositions du Code civil à la crainte révérentielle du Conseil d'Etat, il ébranlait par avance la conclusion de son livre. A propos du mariage, il écrit : « Si la France en est réduite à attendre encore sur une question aussi capitale une législation digne d'un peuple chrétien, la faute en est en grande partie, à l'homme de génie qui disposa de ses destinées

(1) Dubédat, *loc. cit.*, p. 110.
(2) Dubédat, *loc. cit.*, p. 110.

au commencement du siècle », et plus loin : « Si Bonaparte n'avait pas professé pour le caractère de l'union conjugale un dédain qui alla jusqu'au sacrilège, il y a lieu de croire que sous son influence les rédacteurs du Code en seraient revenus à notre législation traditionnelle sur le mariage. » De même, à propos du titre *des successions*, exposant la théorie de la copropriété de famille, vivement soutenue par Bonaparte, il déclare que, « d'une façon générale, c'est à cette fausse conception de Bonaparte, concernant le droit des enfants, qu'il faut en grande partie attribuer les limites trop étroites imposées au droit de disposition du père de famille par la législation française », et il énumère une série de « réformes que Bonaparte, dit-il, aurait pu rendre inutile en apportant dans la discussion du Code civil des idées plus justes sur une bonne organisation de la famille. » Mais, si cela est vrai, le Code de 1804 ne nous apparaît plus que comme l'expression des idées personnelles du premier consul, et il mériterait cette dénomination que notre lauréat lui refuse : *Code Napoléon!*

Si M. Jac est injuste à l'égard de Napoléon et des membres du Conseil d'Etat, il ne l'est pas moins envers le Code lui-même, et je me conforme à la tradition de tant de confrères distingués qui ont loué et défendu ce Code dans notre *Recueil* (1), en faisant toutes réserves sur les appréciations sévères de notre lauréat.

J'aurais beau jeu à relever quelques contradictions manifestes. Ainsi, il se plaint que le législateur n'ait pas suffisamment armé la puissance paternelle, et il ne

____

(1) MM. Gustave Bressolles, *Etudes sur les rédacteurs du Code civil*, t. I (1851-1852), p. 27-28 et 56-58 ; Rodière, *loc. cit. infra* ; Dubédat, *loc.cit suprà*, etc.

trouve pas assez de sarcasmes pour une loi qui subordonne le mariage d'enfants, même majeurs, au consentement des parents (1). « N'est-il pas singulier, dit-il ironiquement, qu'un père puisse empêcher son fils de se marier, alors qu'il ne peut pas le déshériter, et que, parmi les droits de l'homme dont on était si jaloux au commencement du siècle, nos législateurs n'aient pas compris le droit de prendre femme ? » Mais je dois noter surtout deux passages dans lesquels M. Jac lance l'anathème contre le Code civil. Dans l'un, il déclare que notre législation successorale, qu'il nous a déjà présentée, en s'appuyant de l'autorité de Taine, comme un vestige de « l'esprit égalitaire et niveleur des lois jacobines », « est une des principales causes de l'affaiblissement de la France. » Dans l'autre, il écrit que le seul fait de la part du législateur d'avoir sécularisé l'union conjugale « suffit à déshonorer sa mémoire, en lui faisant encourir la responsabilité des conséquences désastreuses auxquelles doit aboutir cette monstrueuse impiété, » et « flétrit les prémisses de cette erreur de principe. »

Je n'entreprendrai pas de justifier notre législation successorale, ce qui, à mon humble avis, serait facile (2).

(1) Pothier, *Traité du contrat de mariage*, n° 446, expliquait l'action en nullité des parents contre le contrat de mariage contracté sans leur consentement par « l'atteinte que ce mariage donne à la puissance paternelle ».

(2) Voir la justification qu'a présentée M. Bufnoir à la Société d'économie politique de Paris, *Journal des économistes*, t. II, de 1890, pp. 285 et suiv. Rodière, tout en proposant quelques réformes dans son étude sur les *Changements à introduire dans l'ordre des successions*, disait : « Le Code Napoléon, dans le titre *des Successions* comme dans tous les autres, commandera certainement l'admiration des siècles. » Rec. de l'Ac. de lég., t. V, 1856, p. 123-124. Dans ses *Considérations sur le titre des donations et des testa-*

Mais, s'il est permis à un rapporteur de donner un conseil, je renverrai notre lauréat à un juriste distingué, dont il ne récusera certainement pas l'autorité, M. Paul Henry, professeur de Droit civil aux Facultés catholiques d'Angers. Dans sa brève mais substantielle étude : *Un préjugé historique sur une question de Droit civil français*, M. Paul Henry venge notre Code de la plupart des critiques qui lui ont été adressées à ce sujet, et surtout il réfute cette opinion trop facilement accueillie, dit-il, d'après laquelle « la faculté pour un père de famille de régler comme il l'entend les droits respectifs de ses enfants sur sa succession aurait été admise par la législation en vigueur en France avant 1789, et le Code civil, en apportant certaines restrictions à cette liberté, ne se rattacherait qu'au système révolutionnaire de la Convention, dont il aurait été, quoique dans une mesure moins radicale, le continuateur à cet égard. » ... « Les avis peuvent être partagés relativement à la liberté absolue de tester..... Mais tous, ajoute-t-il, doivent s'accorder pour respecter les droits de la vérité et de la justice, qui commandent de ne juger les législateurs comme les individus que selon la règle du *suum cuique* (1). » M. Jac a donc oublié que c'est dans le passé le plus lointain de notre histoire que se trouvent les racines de cet « esprit égalitaire et niveleur » et que le Code civil a été plus respectueux que notre ancien

ments, il demandait, non pas l'extension, mais la restriction de la quotité disponible. *Rec. de l'Ac. de lég.*, t. VIII, 1859, p. 86 et suiv. Frank, dans sa *Philosophie du droit civil*, disait, p. 14 : « Notre droit de succession est dans son ensemble le plus juste, le plus libéral, le plus salutaire qu'on puisse concevoir, et la meilleure sauvegarde tant de la famille que de la société ».

(1) Paul Henry, *loc. cit.*, p. 1-2.

Droit de la liberté de tester du père de famille. Elles étaient nombreuses, — et Pothier nous les représente comme étant les plus conformes aux traditions du vieux Droit coutumier (1), — les coutumes qui interdisaient au père de faire à l'un quelconque de ses enfants ces libéralités préciputaires qu'autorisent les art. 843 et 919 du Code civil. Et un naïf commentateur (2) les justifiait par un rapprochement ingénieux. « Les Egyptiens, disait-il, représentent l'égalité par l'hirondelle, laquelle, par une merveilleuse considération, prend garde que l'un de ses petits, qui aura reçu une fois la becquée, n'y revienne pas deux fois. »

S'il est permis à un rapporteur d'émettre une opinion personnelle, je dirai également que le Code est à l'abri de tout reproche pour avoir consacré le principe de la sécularisation de la loi civile en général, et du mariage en particulier (3), que ce principe dérivait nécessairement de l'égalité de tous devant la loi, de la liberté de conscience et de la liberté des cultes, qu'il est entré

(1) *Traité des successions*, chap. IV, art. 3, § 2.

(2) Tronçon, sur l'article 302 de la Coutume de Paris, cité par Paul Henry, *loc. cit.*, p. 3.

(3) Voir en ce sens : Duverger, *Etudes de législation : Observations sur le mémoire de M. Batbie intitulé Révision du Code Napoléon*, ext. de la *Rev. crit. de lég.* de 1866 et 1867. M. Duverger ne croyait même pas nécessaire d'abroger l'art. 54 des articles organiques du Concordat et les art. 199 et 200 du C. pén., qui interdisent la célébration du mariage religieux avant le mariage civil. Il rappelait l'origine peu connue que l'abbé Jauffret attribuait à ces dispositions, p. 88 de son *Examen des articles organiques*. Des hommes dépravés séduisaient les jeunes filles, les conduisaient devant un prêtre, ne se mariaient pas civilement et souvent abandonnaient leurs victimes. Ce désordre ayant été dénoncé par les grands vicaires de Paris et notamment par le respectable abbé Emery, on crut devoir insérer dans les articles organiques la disposition ci-dessus, afin de prévenir le renouvellement des mêmes

sans retour dans notre législation, et que l'on ne peut
guère l'attaquer aujourd'hui qu'au risque de compro-
mettre les idées religieuses que l'on prétend défendre,
et, comme le disait un de nos lauréats de 1864 (1),
de « perpétuer les divisions et des défiances déplora-
bles. » Mais, sans m'attarder à cette réfutation, je
renvoie M. Jac à un excellent petit livre : l'*Athéisme
et le Code civil*, tombé de la plume d'un honorable
professeur de la Faculté de Droit de Paris, M. Duverger, qui n'a pas cru se contredire en associant à
des idées profondément religieuses une véritable admiration pour le Code civil. Il y trouvera la démonstra-
tion éclatante de cette vérité, qu'une inspiration
hautement spiritualiste domine cette belle œuvre
législative, et parmi tant de fragments des travaux
préparatoires recueillis avec soin et heureusement rap-
prochés, qui attestent cette inspiration, il y pourra
lire l'extrait d'un discours sur le titre *du Mariage*,
dans lequel le tribun Siméon parle des « autels relevés
en faveur des époux, pour qui ce qui n'est pas assez
d'appeler les hommes en témoignage de leurs ser-

abus. Ces abus se sont produits dans tous les pays où l'on a sécularisé le mariage, sans prescrire l'antériorité du mariage civil.
Voir : pour l'Espagne de 1870 à 1875, Weiss, *Traité élémentaire de
droit international privé*, p. 545 de la 1re édition, et pour l'Italie,
Huc, *Revue crit. de lég.*, 1881, p. 313 et s., et *Commentaire du
Code civil*, t. II, n° 94 ; Dubois, *Bullet. de la Soc. de lég. comp.*,
1872-1873, p. 103 et s., et *Journ du dr. intern. privé*, 1876, p. 141 ;
Jules Simon, discours au Sénat, *Journ. offic.* du 9 mars 1880,
p. 2275. Le cardinal Riario-Sforza, archevêque de Naples, ayant
établi dans son diocèse, que le mariage religieux devrait être célé-
bré avant le mariage civil, dut renoncer à cela, et en 1875, l'évêque
de Tortone défendit aux curés de prêter leur ministère à la célébration des mariages s'il ne leur était justifié de la célébration civile.

(1) Pérouse, *loc. cit.*, p. 97.

ments, et dont la délicate sollicitude réclame la garantie du ciel. »

Pour conclure, bien loin de parler de honte, de déshonneur et de flétrissure, soyons fiers de notre Code civil. Entourons de respect et d'honneur la mémoire de ceux à qui nous devons ce beau monument législatif. « Malgré ses imperfections, le Code civil est, comme l'a dit M. Duverger, l'une des gloires les plus pures de la France... Le Code civil est populaire; il est aimé parce qu'il est juste et humain, parce qu'il oblige à réparer tous les dommages causés sans droit, parce qu'il protège les faibles, parce qu'il déjoue les calculs de la mauvaise foi, parce qu'il a consacré dans l'ordre civil les conquêtes légitimes de la Révolution : la justice comme principe des lois, l'égalité des personnes et des biens, le retour de la propriété à la simplicité romaine, le retour de la famille à la loi naturelle qui ne distingue pas entre l'aîné et les puînés, entre les fils et les filles, mais qui les confie tous également à l'amour des pères et des mères (1). »

J'ajoute à ce que disait M. Duverger : Aimons le Code civil parce qu'il consacre et protège ces nobles et belles choses : la famille, la propriété, la liberté individuelle. C'est la charte de nos droits et de nos libertés, dans l'ordre civil et social. Il nous a défendus autrefois contre les entreprises d'une réaction menaçante, il nous

(1) P. 1-2 et 9. — Dans *le Code civil et la paix sociale, Rev. prat. de droit*, t. 48 (1880), p. 392, le même auteur écrivait : « Le Code civil a cette fortune qu'il est accepté comme une bonne loi sociale par la plupart des Français ; il n'est attaqué dans ses principes que par ceux qui veulent détruire ce que l'immense majorité veut conserver, quelques-uns la sécularisation de l'état civil, quelques-uns le mariage, quelques-uns la propriété individuelle et héréditaire. »

défend aujourd'hui, il nous défendra demain contre l'invasion des ennemis de l'ordre et de la vraie liberté ! (1).

(1) Notre collègue, M. Rouard de Card, disait très justement, lors de son installation comme professeur de Droit civil : « Le Code civil qui fait l'objet de mes leçons n'est pas simplement un recueil de solutions formulées en vue des difficultés de la vie pratique, il est dominé par une conception plus haute. Ses dispositions... portent l'empreinte des doctrines profondément individualistes de la Révolution française. Et ce sont ces doctrines que l'on doit, à cette heure, défendre contre les attaques des diverses écoles socialistes, si l'on veut que l'homme conserve, dans la lutte pour l'existence, toute son activité et toute son énergie! » (*l'Université de Toulouse* des 10 et 25 juin 1892, 2ᵉ année, p. 255.)

RAPPORT

CONCOURS DU PRIX DU MINISTRE

Par M. PASSAMA, président.

Messieurs,

L'Académie de législation est en possession depuis quarante ans, — *longissimi temporis præscriptio*, — du privilège de couronner, au nom du Ministre de l'Instruction publique, le vainqueur des vainqueurs aux concours du Doctorat. Son choix doit se porter sur celui des mémoires, ayant déjà obtenu une première médaille d'or dans les Facultés, qu'elle trouvera le plus remarquable sous le rapport de la science du Droit et par les qualités du style.

Ce sont les termes de l'arrêté ministériel du 30 mai 1855.

La première fois qu'elle exerça cette précieuse prérogative (3 août 1856), l'Académie était présidée par Laferrière. Il traçait en ces termes la règle qui, dans ce concours spécial, s'impose à son rapporteur : « En » littérature, disait-il, il y a deux espèces de criti-

» que : celle qui a pour objet principal de faire ressor-
» tir les qualités et celle qui s'attache surtout à signa-
» ler les défauts ; eh bien ! dans l'exercice de littéra-
» ture juridique ouvert devant vous, c'est la critique
» du premier ordre qui doit prédominer. Nous devons
» faire ressortir publiquement le caractère de chaque
« mémoire, déterminer de degré en degré le mérite rela-
» tif des compositions et arriver ainsi à mettre en relief
» la supériorité du mémoire qui remporte le prix du
» concours général. Par là, nous restons fidèles à
» notre loi qui est d'ajouter un nouveau lustre à l'un
» des mémoires couronnés, sans effeuiller les autres
» couronnes. »

Cette bienveillance, si naturelle envers la jeunesse, nous est encore rendue facile par le mérite de ses œuvres. Nous sommes en présence de coups d'essais qui d'ordinaire sont des coups de maîtres. Il n'est pas rare qu'au lendemain du concours quelques-unes de ces monographies remarquables, livrées à l'impression, fassent autorité à l'Ecole et au Palais. Et nous, appelés à les comparer entre elles, attirés ici par la puissance de la synthèse, là par la sagesse des déductions, plus loin par les attraits de la forme, nous admirons toujours, nous hésitons souvent, et s'il nous arrive de signaler quelques imperfections légères, c'est qu'à ce prix seulement nous pouvons remplir notre devoir de juges.

I.

En 1893, quatre mémoires ont obtenu dans nos Facultés la médaille qui leur permet de participer à la grande épreuve.

Le premier nous arrive de Montpellier. Le sujet,
« Institutions préventives de la mendicité, du vaga-
» bondage et de la récidive », sort des sentiers battus
des controverses classiques. Les statistiques criminelles lui donnent le mérite d'une poignante actualité.
Fière de ses richesses et de ses découvertes, la société
contemporaine s'avance, portant dans son sein deux
chancres qui la dévorent : le Socialisme et le Paupérisme.

La voyez-vous cette tourbe d'éclopés, de dégénérés,
de vaincus, ceux qu'on appelle déjà le cinquième état
et qui jettent de longs regards d'envie sur l'esclavage
prétendu du quatrième ?... Pas de pain à partager à
leurs petits ; à peine quelques haillons pour couvrir
leur nudité ; rarement un foyer pour réchauffer leurs
corps et leurs cœurs. Du travail ? En voudraient-ils,
ils n'en trouveraient pas. Les infirmités les étreignent,
l'anémie les épuise. Une loi, vraiment d'airain celle-là,
les condamne pour la plupart à vagabonder sans relâche ; trop heureux, s'ils peuvent, par intervalle, réparer leurs forces au régime confortable des prisons de
nos grandes villes.

« Certains ne voyant dans ces faits que la manifes-
» tation d'une loi naturelle, de la loi de la concurrence
» qui élimine sans cesse les éléments faibles au profit
» des forts, trouvent qu'il serait inutile sinon impru-
» dent d'intervenir. C'est la théorie de Darwin et du
» Transformisme. Dans cette lutte pour la vie, les
» moins bien doués succombent : les autres subsis-
» tent avec des forces accrues encore par leur résis-
» tance : « Salutaire travail de sélection, dit Herbert
» Spencer, par lequel la société s'épure continuelle-
» ment elle-même »... Et plus loin : « Si, au con-
» traire, une philanthropie mal éclairée se met en

» travers de cette loi bienfaisante, elle va rejeter le
» non-producteur à la charge des producteurs, dégra-
» der l'espèce et amasser comme à plaisir une réserve
» de souffrances pour les générations futures, de sorte
» que l'on peut se demander si la sotte philanthropie
» qui ne pense qu'à adoucir les maux du moment, sans
» voir les maux indirects de l'avenir, ne produit pas,
» au total, une plus grande somme de misère que l'ex-
» trême égoïsme. » (Mémoire de M. Berthomieu, pp.
4 et 5.)

Belles conclusions de la néo-science qui doit remplacer tout, nous consoler de tout et qui ne veut pas
avoir fait banqueroute aux espérances des déshérités !
Elle a renoncé à bercer l'humanité souffrante avec les
vieilles chansons : on ne le voit que trop. Mais faut-il
accepter comme un progrès ces théories sans pitié ?

La Faculté de Montpellier ne l'a pas pensé.

Appeler sur la situation de ces malheureux les méditations des penseurs, c'est, en effet, servir la morale
« qui veut que la misère soit secourue et le faible pro-
» tégé » ; c'est servir en même temps l'intérêt général
« car ces armées de pauvres qui augmentent sans cesse,
» ces bandes de mendiants et de vagabonds, ces mil-
» liers de récidivistes sont une perpétuelle menace
» pour la sécurité des individus et l'ordre des gouver-
» nements » (Mémoire, p. 5), de sorte que tendre la
main à ces miséreux, favoriser leur reclassement, c'est
pour la Société faire une bonne affaire en même temps
qu'une bonne action.

Et quand on a lu les études récentes publiées sur cet
objet, entre autres le brillant mémoire de M. Berthomieu, on demeure convaincu que si la mendicité et le
vagabondage ne peuvent être complètement extirpés,
il est du moins des réformes susceptibles d'atténuer le

mal dans une large mesure et dont la réalisation est loin d'être pratiquement impossible.

Le remarquable travail du lauréat se divise en deux parties. Il étudie, dans la première, les institutions préventives de la mendicité et du vagabondage ; elles tendent à empêcher le premier manquement à la loi, le premier délit. Il suppose, dans la seconde, que la première faute a été commise et il s'occupe des moyens de prévenir la récidive.

En tête de l'œuvre, quelques aperçus historiques, une intéressante revue du droit intermédiaire, enfin l'exposition du droit moderne sur la matière, et notamment du Code Pénal de 1810.

Aux termes de l'article 275, les mendiants, s'ils sont trouvés implorant la charité publique « dans un » lieu pour lequel il existera un établissement public » organisé afin d'obvier à la mendicité, seront punis » d'un emprisonnement de trois à six mois et, après » l'expiration de leur peine, conduits au dépôt de men- » dicité. »

Dans les lieux où il n'existe pas de dépôts, la loi ne punit que les mendiants d'habitude, *valides*. Les malheureux atteints d'infirmités peuvent tendre la main au passant, à la condition de ne pas user de simulation pour exciter la pitié, de ne pas se réunir en bandes, de n'user ni de violences ni de menaces... (Art. 275 et suiv.)

Les dépôts organisés par le décret du 1er juillet 1809 sont encore le pivot de notre législation sur la mendicité, punie de peines correctionnelles dans les lieux où existe un dépôt, libre ailleurs, pourvu qu'elle ne dégénère pas en habitude. Le gouvernement comptait qu'il y aurait eu de ces dépôts par département, mais ce *desideratum* ne s'est jamais réalisé et ces établissements, relativement peu nombreux, n'ont rendu aucun des services qu'on en attendait.

Créés, en principe, pour abriter des valides (car les autres devaient trouver asile dans les hospices), ils contiennent en réalité une population composée (en raison de 47 0/0), de gens incapables de tout travail. On y voit affluer les microcéphales, les gâteux, les idiots, les épileptiques, tous les déchets de la société.

Pour les autres, le travail n'a jamais été sérieusement organisé. Aussi de « maisons de travail » qu'ils devaient être à l'origine, se sont-ils transformés en maison de repos...

Et, l'organisation eût-elle été meilleure, l'auteur ne pense pas qu'on eût eu davantage à se féliciter du résultat, parce que, dit-il, « ces établissements présen-
» tent une dualité de destination regrettable. Accep-
» tant à la fois des mendiants libres et des délinquants
» condamnés, ils revêtent le double caractère de mai-
» son pénitentiaire et de refuge de charité. » Quel discrédit n'en doit-il pas résulter pour cette population où l'on ne sait jamais si l'on a affaire à un pauvre ou à un coquin ! (Mémoire.)

« L'état actuel est donc mauvais parce qu'il mélange
» toutes les classes d'indigents, confond le mendiant
» et le vagabond accidentels, avec les professionnels,
» parce qu'avant de réformer, quelque légère que soit
» la répression, la société doit placer en tête de ses
» lois la prévention, grâce à laquelle seulement,
» elle peut revendiquer le droit de punir. Une réforme
» s'impose. »

C'est à la déterminer qu'est consacrée la suite de cette première partie.

Pour se préserver de l'utopie, facile en pareille matière, M. Berthomieu regarde par delà les frontières

et nous expose comment les principales nations civilisées ont cherché à résoudre ce problème ardu
et complexe. L'Académie a éprouvé une satisfaction particulière à la lecture de ce chapitre, fort bien
traité. Il faut reconnaître que la Hollande, la Belgique, même la Suisse et l'Allemagne, nous dis-
tancent — et de loin. C'est en s'inspirant de ce que
ces pays ont si heureusement inauguré, que notre auteur présente un vaste programme de réformes.

Le sauvetage de l'enfance, d'abord. M. Berthomieu
fonde de grandes espérances sur la loi du 24 juillet 1889,
relative aux moralement abandonnés, mais à la condition qu'elle soit appliquée avec continuité et avec zèle.
Il propose en outre de protéger le mineur jusqu'à un
certain âge, douze, quatorze ans (quelques criminalistes
ont même parlé de seize ans), par une présomption légale de non-discernement, estimant que l'arrestation
et la condamnation d'un enfant agissent habituelle-
ment en sens contraire du but que l'on veut atteindre,
et le prédisposent à l'endurcissement et à la récidive.
Pour les jeunes prévenus qui auraient dépassé cette
majorité pénale, ils ne seraient internés dans un établissement pénitentiaire que s'ils avaient commis des
délits très graves ; s'ils n'étaient coupables que de fau-
tes moindres, on les dirigerait sur des écoles de
préservation où ils retrouveraient, jusqu'à l'âge de
vingt-un ans, et avec un régime absolument paternel,
un équivalent de la famille qui trop souvent leur fait
défaut.

M. Berthomieu s'occupe ensuite des adultes valides.
Quand, malgré les institutions philanthropiques qui
not servi à prolonger le plus possible ses dernières
ressources (logements à bon marché ; — stations de
logements dans les campagnes contre une indemnité

minime de séjour ; — fourneaux économiques avec contrôle sérieux, etc…), l'adulte valide en est réduit à tendre la main, notre auteur lui ouvre d'abord, presque sans conditions, *un asile de nuit* qu'il voudrait voir établi dans toutes les communes de France. L'hospitalisé ne doit pas y séjourner longtemps. Dirigé sans retard sur *un atelier de travail provisoire*, il y gagnera chaque jour, par un labeur de quelques heures, de quoi satisfaire aux premières nécessités de la vie. Il emploiera le reste du temps à chercher une situation, et des bureaux de placement gratuits l'aideront dans cette tâche d'ordinaire assez ingrate. En cas d'insuccès constaté, il entrera dans une colonie agricole ; l'auteur supposant que, nouvel Antée, l'homme déchu doit retrouver, au contact de la terre, sa grandeur et son énergie primitives. L'expérience des nations étrangères l'autorise d'ailleurs à concevoir ces espérances. La colonie doit être organisée, comme en Hollande, de manière à recevoir non seulement le mendiant lui-même, mais aussi sa famille dont l'éloignement deviendrait pour lui une nouvelle cause de démoralisation ; et il faut qu'après un temps déterminé ces malheureux, s'ils ont été assidus au travail, puissent devenir propriétaires des deux ou trois hectares qu'on leur aura confiés.

Après cela et quant tous ces vœux humanitaires auront été réalisés, nous rencontrerons encore des mendiants dans nos rues et des vagabonds sur les grands chemins, mais ce seront alors les *professionnels*, les paresseux endurcis, contre lesquels s'exercera justement la répression pénale, par des emprisonnements de longue durée, de nature par conséquent à inspirer des terreurs salutaires.

Ainsi, tandis que nos œuvres, officielles ou privées,

distribuent aujourd'hui l'aumône en argent ou en bons au porteur, trop facilement négociables, M. Berthomieu base sa réforme sur l'assistance par le travail. Il écrit en tête de son œuvre « l'aumône tue ; le travail vivifie, » principe trop absolu et dont il est le premier à corriger la rigueur en reconnaissant que certaines nécessités pressantes appellent avant tout la pièce de monnaie, sauf à recourir, quand le danger est conjuré, à des solutions plus scientifiques.

Toute cette première partie de son mémoire fait le plus grand honneur à notre jeune juriste. On serait tenté de croire que lorsqu'il s'agit du bonheur des humains, une imagination de vingt ans échappe difficilement au mirage des illusions. Eh bien! non, dans son ensemble, l'œuvre de M. Berthomieu reste pratique et son programme de réformes deviendra réalisable du jour où nos budgets, allégés des dépenses inutiles ou mêmes nuisibles, verront grossir d'autant les chapitres de l'assistance et de la philanthropie.

La deuxième partie est moins développée. — Nous avons déjà dit qu'elle a trait aux institutions préventives de la récidive. — C'est de la récidive spéciale aux délits de mendicité et de vagabondage qu'il s'agit et toutefois, par la force des choses, l'auteur est amené à se placer à des points de vue plus généraux.

M. Berthomieu approuve sans réserve la loi du 26 mars 1891, proposée par M. le sénateur Bérenger et qui tend à remédier à l'abus de courtes peines en dispensant une première fois de l'exécution, et en élevant la quotité en cas de rechute.

Quant aux causes, l'auteur voudrait les conjurer, d'abord en faisant de la mendicité et du vagabondage, non plus un délit, mais une simple contravention, déclassement qu'il emprunte à la loi belge, et dont le premier résultat serait de supprimer, dans l'espèce, le casier judiciaire. Après un emprisonnement de très courte durée, le récidiviste serait retenu pendant un temps plus ou moins long dans une colonie agricole, car, fidèle à sa seconde devise : « l'amendement de l'homme par la terre, et de la terre par l'homme », c'est du travail agricole que M. Berthomieu attend la réhabilitation après la chute, de même qu'avant, il lui avait demandé la préservation. Mais ici, la colonie aura un caractère nettement pénitentiaire, et le régime y sera relativement dur.

Aux incorrigibles avérés, on réserverait l'emprisonnement cellulaire. Car on a fait une remarque importante, c'est que l'intéressante clientèle qui, à l'époque de la chute des feuilles, cherche à se faire interner dans une prison confortable, pour y prendre ses quartiers d'hiver, fuit la région avec horreur, quand l'établissement est soumis au régime cellulaire. M. Berthomieu facilite, d'ailleurs, la réhabilitation morale et le reclassement du condamné par la libération conditionnelle et le fonctionnement des Sociétés de patronage dont l'étude détaillée clot dignement cet intéressant et remarquable mémoire.

A travers cette esquisse à peine tracée, pourrez-vous entrevoir ou soupçonner le mérite de l'œuvre ? Je le souhaiterais, Messieurs, et la Faculté de Montpellier l'a justement appréciée en lui décernant une première médaille d'or. Malheureusement, le sujet était trop vaste et le temps paraît avoir manqué à notre lauréat pour une retouche qui l'eût fait approcher de la perfection. Plus de nerf et de sobriété dans le style ; quelques légères défaillances corrigées avec soin ; les idées plus concentrées, par suite plus saisissantes et l'auteur disputait avec succès la récompense suprême.

Il nous sera permis du moins de joindre nos félicitations à celles de ses maîtres et de louer chez M. Berthomieu, la distinction de l'esprit, l'étendue de l'érudition et l'élévation des sentiments.

II.

Les hasards du concours nous mènent brusquement du dépôt de mendicité à la Bourse de Paris. Dans la pratique, ce chemin est quelquefois parcouru, mais en sens inverse.

Un excellent mémoire de M. Maurice Morand, couronné par la Faculté de droit de Poitiers, traite : « De la mise au porteur des actions dans les Sociétés, de ses conditions, de ses conséquences légales. »

L'auteur n'a pu se plaindre de la rareté des documents. Ils abondent soit dans l'ordre législatif, soit dans l'ordre judiciaire. De nombreux auteurs les ont enrichis de savants commentaires, et si les jeunes docteurs de Poitiers ont dû éprouver quelque embarras, c'est, sans doute, celui des richesses.

La difficulté consistait dans la mise en œuvre de ces matériaux, et M. Morand s'est distingué en nous présentant une synthèse exacte et complète du sujet dans un style remarquable par sa correction, sa sobriété et sa noblesse.

Après un historique qui s'étend de la dernière moitié du dix-septième siècle, époque à laquelle l'action au porteur est pour la première fois mentionnée en France, dans un document officiel (Déclaration de Louis XIV de 1664), jusqu'à la loi du 24 juillet 1867, l'auteur entre dans la première partie de son travail. Elle a trait aux conditions de la mise au porteur. Il

en est trois exigées par l'article 3 de la loi de 1867 :
Prévision statutaire, libération de moitié, délibération
de l'assemblée générale. Chacune d'elles a donné lieu
à de nombreuses controverses. M. Morand les expose
avec clarté, les discute avec mesure et les résout avec
justesse. S'il aime à s'inspirer généralement de la
jurisprudence, il fait preuve d'indépendance en la
critiquant quelquefois, et de bon goût en présentant
ses critiques avec modération.

Quelques actions échappent aux prescriptions de
l'article 3. Ce sont celles des sociétés tontinières et des
Compagnies d'assurances sur la vie. Leurs statuts,
obligatoirement soumis à l'approbation du Gouvernement, déterminent dans quel cas la conversion au porteur sera possible. Quant aux autres sociétés d'assurances, elles se forment sans autorisation, mais un
réglement d'administration publique détermine les
conditions sous lesquelles elles peuvent se constituer
(art. 66). Ce décret a paru le 22 janvier 1868 et il décide
que l'article 3 de la loi de 1867, relatif à la conversion
des actions, n'est applicable aux sociétés d'assurances
à primes que si le fonds de réserve est égal au moins
à la partie du capital social non encore versé et s'il a
été intégralement constitué.

Enfin, les sociétés antérieures à la loi de 1867 ne
peuvent, en principe, invoquer les dispositions de cette
loi ; toutefois les articles 46 et 47, en leur permettant de
se transformer pour se soumettre au régime nouveau,
ont suscité des questions délicates que le lauréat de
Poitiers ne manque pas d'étudier avec soin.

Il ne perd pas de vue les règles générales du Droit
civil et se demande si la conversion des actions rentre
dans les pouvoirs ordinaires de l'administrateur ou ne
revêt pas les caractères d'une quasi-aliénation.

La jurisprudence, se ralliant au premier système, permettait la conversion au tuteur et à la femme séparée de biens. La loi du 27 février 1880 a tranché la question en sens contraire par rapport au tuteur. M. Morand estime, sagement d'après nous, que les tribunaux, s'inspirant désormais de l'esprit de cette loi et des dangers que l'opération fait courir au patrimoine de l'incapable (faible d'esprit, prodigue, femme dotale, héritier bénéficiaire, personnes morales..., etc...), doivent assimiler la conversion à un acte d'aliénation. Une ordonnance du 29 avril 1831 (art. 9) s'était déjà prononcée en ce sens à propos de la conversion des rentes sur l'État représentant des fonds de cautionnement, des majorats constitués ou appartenant soit à des établissements publics, soit à des personnes frappées d'incapacité légale.

Dans la deuxième partie, M. Morand s'occupe des conséquences de la mise au porteur. Les unes dérivent de la loi, les autres de la nature même du titre. C'est de l'article 3 que devraient principalement découler les premières. « Mais ce texte, malgré les nombreux » et longs débats auxquels il a donné lieu, est d'une » obscurité quasi-proverbiale. Aussi est-il commun, » nous dit M. Arnault, rapporteur du projet de loi » de 1884, de l'entendre appeler le célèbre, le mal- » heureux article 3. M. Alauzet va même jusqu'à pré- » tendre que son obscurité est intentionnelle. »

Notre jeune docteur essaie de la dissiper. Quelle est, après la conversion, la situation respective du souscripteur respectif, des cessionnaires intermédiaires, du dernier porteur de l'action ? Il s'en explique dans des dissertations très documentées qui constituent la partie maîtresse de son œuvre. Finalement, il admet que si le délai de deux ans est expiré depuis la conversion votée par l'Assemblée générale, la société n'a plus qu'un débiteur, le porteur du titre. Quand celui-ci se sera exécuté, il est bien certain qu'il n'y aura lieu à aucun recours, puisque c'est à lui qu'incombait la charge définitive de la libération. Mais tout autre est la situation si l'appel de fonds est fait dans les deux années qui suivent cette conversion. La société peut s'adresser soit au porteur, soit à tous ceux qui ont possédé le titre avant ou pendant le vote. Si elle s'adresse au souscripteur, celui-ci a un recours contre le porteur du titre, c'est incontestable, mais l'a-t-il aussi contre le cessionnaire intermédiaire ? Difficile question qui se complique d'une autre : celle du secret professionnel des agents de change. Nous ne pouvons donner ici que la conclusion de ces pages savantes et très étudiées. M. Morand estime que le souscripteur ou le cessionnaire antérieur au vote, qui a dû payer les versements non effectués sur un titre vendu par lui, a toujours le droit d'exiger que son agent de change lui révèle le nom de son acquéreur, et de cessionnaire en cessionnaire on arrivera jusqu'au porteur actuel, qui doit seul, en définitive, supporter le fardeau du versement.

Les conséquences de la conversion découlant de la nature nouvelle du titre donnent lieu à moins de controverses. L'auteur groupe ses développements sous les trois rubriques suivantes : faculté de transmettre le titre par simple tradition; absence de tout indice permettant d'en rattacher la propriété à telle ou telle personne; enfin, le titre devenu, pour son détenteur, la seule preuve de sa qualité d'actionnaire. Cette idée conduisait naturellement l'auteur à dire un mot de la loi du 15 juin 1872 relative aux titres perdus ou volés.

Le Mémoire se termine par un appendice divisé en

deux chapitres, dont le premier est consacré à une revue des législations étrangères sur la matière, et le second à l'étude des divers projets destinés à modifier l'article 3 de la loi de 1867. Le plus important est dû à une commission nommée le 14 février 1882 par M. Humbert, alors garde des sceaux ; M. Arnault fut élu rapporteur.

Pourquoi faut-il que la mort, à quelques mois d'intervalle, ait rayé de nos diptyques les noms de ces deux éminents confrères, dont le souvenir reste impérissable dans nos cœurs ?

Déposé en 1884, le projet de la Commission est devenu la loi du 1er août 1893. Elle modifie celle de 1867 en ce sens que, désormais, les actions seront nominatives jusqu'à leur entière libération. Cette solution avec été recommandée par le Congrès national des sociétés par actions en 1889 et par l'unanimité des Chambres de commerce françaises, sauf celle de Toulouse qui avait manifesté ses préférences pour le maintien du *statu quo* sur ce point.

Il faut convenir cependant que l'impossibilité de convertir au porteur les actions avant leur entière libération, assure d'une manière bien plus efficace aux créanciers sociaux l'intégralité de leur gage, c'est-à-dire l'entier capital souscrit.

La loi nouvelle décide que : « Les titulaires, les cessionnaires intermédiaires et les souscripteurs sont
» tenus solidairement du montant de l'action. Mais
» tout souscripteur ou actionnaire qui a cédé son titre
» cesse, deux ans après la cession, d'être responsable
» des versements non encore appelés. »

Le texte n'en dit pas davantage et laisse indécise la grave question de savoir si le versement du montant intégral de l'action est la condition unique de la conversion, ou s'il ne faut pas, en outre, la prévision statutaire de l'Assemblée générale. M. Morand espérait que le Sénat comblerait cette lacune ; mais, se plaçant dans l'hypothèse où son espoir serait déçu, il décidait, tout en regrettant que le législateur n'ait pas exigé au moins la délibération de l'Assemblée générale, que l'on ne pouvait pas ajouter arbitrairement aux prescriptions qu'il édictait, ni imposer, à peine de nullité, une formalité qu'il rayait de l'ancien article 3. En conséquence, tout actionnaire pourra, désormais, requérir, sauf prohibition formelle des statuts que son action soit mise au porteur dès que le montant en aura été versé en totalité.

A côté de cette importante controverse, bien d'autres vont subsister qui sont comme le tissu de l'œuvre de M. Morand. Celle-ci, malgré la loi nouvelle, ne perd rien de son utilité. Car une disposition transitoire laisse soumises à l'ancien article 3 les sociétés créées sous l'empire de la loi de 1867 ; de sorte que, sur ce point, les tribunaux auront à appliquer deux législations parallèles ou plutôt divergentes ; — et comme la loi de 1867 elle-même n'entendait pas innover par rapport aux sociétés créées avant sa promulgation, nous aurons là comme une reproduction, — en raccourci, — de ce qui se passait aux temps antiques avec le système de la personnalité où chaque plaideur devait être jugé d'après une loi différente.

Quoiqu'il en soit, l'excellent mémoire de Poitiers dénote chez son auteur un esprit sage et pondéré, un prudent de la bonne école, un travailleur intelligent et consciencieux ; mais, écrasé qu'il était par les documents et travaux déjà parus sur la matière, il s'est appliqué avant tout à choisir, à apprécier, à discuter. Les solutions personnelles, les aperçus originaux, les échappées sur la Philosophie du Droit, étaient, il faut l'avouer, difficiles à placer dans un sujet aussi pratique ; c'était du Droit commercial, et l'auteur a cru devoir lui laisser exclusivement ce caractère. On a pensé qu'il aurait dû réagir, au contraire, et essayer quelques envolées. C'est l'unique raison pour laquelle l'Académie, tout en reconnaissant la haute valeur de l'œuvre présentée par le jeune juriste, a dû réserver le rameau d'or à un de ses heureux concurrents.

III.

La Faculté de Grenoble avait proposé, pour sujet de concours, une étude sur « la propriété littéraire et » artistique au point de vue international et spéciale- » ment au point de vue de la convention de Berne » de 1886. »

Intervenue entre la France, l'Allemagne, l'Angleterre, la Belgique, l'Espagne, l'Italie, la Suisse, la Tunisie, la République d'Haïti et celle de Libéria, cette convention stipule un minimum de droits que les parties contractantes sont tenues de garantir aux auteurs dans leurs rapports internationaux. — Liberté aux législations particulières d'accorder davantage, mais défense de se tenir au-dessous de cette limite.

Nous nous familiariserons de plus en plus avec cette idée que les états policés doivent adopter des mesures communes sur les questions d'ordre privé. Nous avons vu des « Unions » s'établir à propos du mètre, des monnaies, des postes et télégraphes, et, pour la première fois, en matière juridique à propos de la propriété industrielle (Convention de Paris du

20 mars 1883. — Sirey, *Lois*, 1885, pp. 730 et suiv.) ; voici maintenant l'union pour la protection internationale des droits d'auteurs.

Ainsi se réalise progressivement, dans ce qu'elle peut avoir de pratique et de désirable, cette conception des Etats-Unis d'Europe qui a travaillé tant d'esprits. Ou plutôt cette idée elle-même apparaît trop étroite, et c'est entre les nations des deux mondes qu'une vaste fédération tend à s'établir pour assurer le respect du droit et le règne de la justice.

M. Thomas a brillamment traité le sujet, et la Faculté de Grenoble a récompensé son mémoire par une première médaille d'or. Peu s'en est fallu, qu'à son tour, l'Académie ne lui décernât celle dont elle dispose. — Ce thème porterait-il bonheur ? — Déjà, en 1886, elle avait couronné le mémoire de M. Darras, de Douai, sur la *Propriété littéraire, artistique et industrielle au point de vue international,* et, en 1888, celui de M. Coulon, de Poitiers, sur la *Propriété littéraire au point de vue international.*

Cette coïncidence n'a préjudicié en rien au travail de M. Thomas. Le dernier mot n'est pas dit, tant s'en faut, sur ces matières difficiles et la moisson est encore abondante, malgré les gerbes cueillies par ces vaillants devanciers.

Deux parties divisent l'œuvre de M. Thomas : La première, dans l'esprit de l'auteur, n'est qu'une large introduction à la seconde ; il y traite, en thèse générale : *De la propriété littéraire et artistique au point de vue international.*

Ce droit de l'auteur ou de l'artiste sur son œuvre existe-t-il en réalité ? Oui, répond notre jeune docteur, et il le fait découler avec raison « du respect de la personnalité humaine, » — c'est le côté moral, — et de

« la légitimité de la rémunération de tout travail libre, » — c'est le côté pécuniaire.

C'est un droit naturel et non une création arbitraire du législateur. Seulement, celui-ci l'organise et le sanctionne dans des textes positifs, — comme il fait de la plupart des autres droits.

S'il dérive de l'idée de justice et s'il peut en appeler à la conscience humaine comme premier témoin, il faut en conclure qu'il appartient à l'étranger aussi bien qu'au régnicole. Certaines législations, cependant, méconnaissent ce principe dans un but d'utilité nationale, d'ailleurs mal comprise; d'autres, en très grand nombre, par une sorte de transaction, s'en tiennent à la réciprocité diplomatique. Mais, objecte M. Thomas, est-ce que le vol au préjudice d'un étranger ne devrait pas être puni chez nous, quand même la nation de cet étranger ne punirait pas chez elle un tel délit?

Notre auteur complète l'étude philosophique du droit d'auteur en refusant de le ranger soit dans la catégorie des droits réels, soit dans celle des droits personnels. Exacte et complète à Rome, cette division bipartite peut devenir un véritable lit de Procuste pour les conceptions juridiques nées de la civilisation moderne. Il répudie également l'expression équivoque et dangereuse, d'après lui, de droit de propriété *sui generis*, car le droit d'auteur n'est pas nécessairement asservi aux règles qui régissent la propriété, dont il se distingue profondément.

A cette dissertation que recommande une logique vigoureuse, succède l'historique de la question. M. Thomas estime que les lois de 1791 et de 1793 protégeaient les œuvres écloses à l'étranger aussi bien que les œuvres françaises. Il est en désaccord sur ce point avec la majorité de la doctrine et la jurisprudence ; le Code pénal (art. 426 et suiv.), ne paraît pas avoir été conçu davantage dans le sens de ses préférences. Seulement on protégeait l'œuvre édictée en France par un auteur étranger. On tenait compte ainsi de la nationalité de l'œuvre ; c'était le *jus soli* appliqué aux travaux intellectuels. On étendit ensuite la protection aux Etats que la victoire nous avait unis par les liens de la confédération ; puis des traités internationaux posèrent les bases de la réciprocité diplomatique. Enfin, le décret du 23 mars 1852, qui marque un progrès sensible, presque une révolution en la matière, couvrit de la protection de la loi les œuvres nées à l'étranger aussi bien que les œuvres françaises.

Après avoir ainsi examiné la propriété littéraire et artistique dans le passé, l'auteur l'étudie dans le présent, toujours au point de vue international.

Quelles personnes sont protégées dans les principaux Etats civilisés? Quelles œuvres ? Certaines nations excluent de la protection la photographie, l'architecture, la chorégraphie. Que faut-il en penser? La traduction doit-elle être assimilée à la contrefaçon? Et l'adaptation, c'est-à-dire l'arrangement d'une œuvre dramatique ou musicale parue à l'étranger et mise en rapport avec l'esprit, les mœurs, les goûts des nations chez qui on veut la faire représenter, est-elle suffisamment marquée au coin de l'imitation servile pour conserver le caractère de délit?

Graves et délicates questions développées dans des pages toujours savantes, le plus souvent vives d'allures, quelquefois d'un style un peu oratoire.

L'auteur n'avait garde d'oublier l'étendue de la protection au point de vue de la durée. Au Mexique seulement elle est indéfinie et l'implacable logique de son esprit entraîne l'auteur, du moins en théorie, vers cette solution manifestement exagérée et bien difficile — il le reconnaît — à défendre dans la pratique. L'Espagne a adopté le terme de quatre-vingts ans. La France et la majorité des Etats, celui de cinquante. L'Allemagne, l'Autriche et la Suisse désarment après trente ans.

Toute cette première partie de l'œuvre de M. Thomas est vraiment remarquable. On eut souhaité que l'attention du lecteur fut délassée de temps à autre par l'exposé d'une espèce intéressante empruntée à la jurisprudence des divers pays. Le charme de l'œuvre en eut été augmenté. On en trouve cependant : témoin cette anecdote à propos du dernier roman de lord Beaconsfield et de la législation des Etats-Unis qui élève la contrefaçon à la hauteur d'un principe.

« Il y a quelques années, raconte l'auteur, un des
» plus grands éditeurs anglais achetait, pour dix mille
» livres sterling, le manuscrit de lord Beaconsfield.
» C'était un joli prix, mais l'éditeur comptait sur une
» vente importante, non seulement en Angleterre,
» mais en Amérique, car les œuvres du premier mi-
» nistre anglais excitaient un vif intérêt dans les
» deux pays. Un éditeur américain ayant eu vent de
» l'affaire, raconte comment il arriva à s'assurer la
» vente en Amérique. Il réussit à soudoyer chez
» l'éditeur anglais un ouvrier qui lui procura les bon-
» nes feuilles du livre. Un steamer attendait en rade
» avec une équipe de compositeurs. Les épreuves leur
» furent remises et pendant la traversée les formes
» furent composées, de façon qu'à l'arrivée il n'y
» eut plus qu'à faire rouler les machines. L'industriel
» américain publia en même temps que l'éditeur an-

» glais et à un prix bien inférieur le roman de Dis-
» raëli, ce qui lui rapporta un gros denier. Quant à
» l'éditeur anglais, il eut pour seule, mais bien plato-
» nique consolation, d'admirer une loi permettant
» qu'en plein dix-neuvième siècle, le vol pût se prati-
» quer au grand jour et dans de telles proportions. »

La seconde partie du mémoire est relative à la convention de Berne. Les résultats consacrés par cet acte
diplomatique sont dus en grande partie aux efforts
persévérants de « l'Association littéraire internationale », fondée en 1878, sous la présidence d'honneur
de Victor Hugo. A suite d'un congrès qu'elle orga-
nisa à Berne, le Conseil fédéral prit l'initiative de
soumettre aux puissances un projet d'arrangement
sur les droits d'auteur.

Douze Etats prirent part aux conférences. La promulgation de la convention pour la France fut faite
par le décret du 12 septembre 1887, en vertu d'une
loi du 28 mars de la même année (Sirey, *Lois*, 1888,
pp. 257 et suiv.).

L'acte diplomatique touche à peu près à toutes les
questions controversées. M. Thomas les avait mises
au point dans la première partie, telles qu'elles se pré-
sentaient avant la conférence. Il a dû par conséquent
les rappeler ; puis indiquer, commenter et critiquer la
solution que la convention donne à chacune d'elles ;
méthode qui a l'inconvénient incontestable d'exposer
l'auteur à quelques redites.

Œuvre de transaction, — il fallait s'y attendre, —
l'acte de Berne n'a pas adopté les systèmes absolus
vers lesquels paraît attiré notre jeune docteur. Ainsi,
par exemple, au point de vue des personnes protégées,
il faut, pour bénéficier de la convention, appartenir à

un pays de l'union (article 2). Si un auteur n'a pas cette fortune, la contrefaçon de ses œuvres demeure sinon honnête, du moins licite. Réserve est faite, il est vrai, des dispositions plus bienveillantes et plus protectrices des législations propres à chaque Etat. — En outre, aux termes de l'article 3, la protection s'étend sur les œuvres des auteurs des pays n'appartenant pas à l'union, mais éditées dans les pays de l'union.

L'article 4 énumère les œuvres protégées ; on s'est montré large. Des difficultés s'élevèrent à propos des photographies dites originales, c'est-à-dire ne reproduisant pas précisément une œuvre d'art protégée, — autrement la question ne pouvait être douteuse, — mais qui, reproduisant un paysage, un monument quelconque, ont la prétention d'être par elles-mêmes une œuvre artistique. — Tous les Etats ne leur reconnaissant pas ce caractère, le protocole de clôture forme entre ceux qui le reconnaissent une sorte d'union restreinte.

Une solution analogue est intervenue à propos des œuvres chorégraphiques.

On n'a pas oublié les controverses auxquelles donne lieu le droit de traduction. L'article 5 les tranche en décidant que : « les auteurs ressortissant à l'un des » pays de l'union jouissent dans les autres pays du » droit exclusif de faire ou d'autoriser la traduction » de leurs ouvrages jusqu'à l'expiration des dix années » à partir de la publication de l'œuvre originale dans » l'un des pays de l'Union. »

Les dix ans courent du 31 décembre de l'année dans laquelle l'ouvrage a été publié.

Les adaptations, les arrangements des œuvres protégées demeurent prohibés en principe (art. 10). Toutefois, la conférence a refusé, à l'instigation de l'Angleterre, de prohiber la dramatisation, c'est-à-dire l'arrangement d'un roman en pièce de théâtre.

L'article 3 du protocole de clôture déclare licite la fabrication d'instruments et de boîtes à musique reproduisant des airs même non tombés dans le domaine public. C'est une gracieuseté faite à la Suisse qui excelle dans ce genre d'industrie. Mais, s'arrêtant à mi-chemin, les diplomates ont abandonné aux disputes des prudents la question de savoir s'il est permis de faire fonctionner en public ces instruments ou boîtes ou s'il faut les réserver pour les délices de la vie privée.

La convention, qui ne comporte pas moins de 21 articles, d'un article additionnel, d'un protocole de clôture, composé de 7 articles, et d'un procès-verbal de signature, contenant diverses déclarations échangées entre les signataires, est afférente à une foule d'autres difficultés dont nous ne saurions, on le comprend, entreprendre l'analyse. — M. Thomas fouille consciencieusement tous ces textes; aucune remarque importante n'échappe à sa pénétration.

Il ne manque pas d'appeler l'attention sur la création d'un bureau international attribué d'un commun accord à la Suisse qui possède déjà le bureau international pour la protection de la propriété industrielle, ainsi que ceux de l'Union postale et de l'Union télégraphique. — Centralisant les renseignements de toute nature relatifs à la protection des droits des auteurs, ce bureau rédige et publie un bulletin dans sa langue officielle, c'est-à-dire dans la langue française qui demeure, par excellence, la langue de la clarté, de la justesse et de la droiture.

En somme, et comme conclusion, l'auteur aurait préféré une codification complète de la législation sur

la propriété littéraire, codification qui aurait pris pour
base la législation des pays les plus avancés. — La
réalisation de ce désir était impossible ; car si certaines
nations consentaient à faire un pas en avant, elles ne
pouvaient pas, dit-il, le faire aussi grand pour la première fois. Il n'en reste pas moins que l'acte de Berne
est une œuvre de progrès et de justice : elle marque
une date importante dans l'histoire du Droit international privé.

Nous voudrions n'exprimer ici que la louange et
nous abstenir de toute critique même légère, ne serait-
ce que pour témoigner la vive satisfaction qu'a éprou-
vée l'Académie à la lecture de ce beau mémoire. Mais
il faut juger !

En dehors des remarques que nous avons dû faire
au passage, nous avons considéré qu'ici encore le
temps avait manqué à l'auteur pour retoucher nctam-
ment la deuxième partie. Quelques jours lui auraient
été nécessaires pour insérer les rubriques en leurs
lieux, pour numéroter les chapitres et les alinéas ;
pour faire une table des matières ; pour compléter
tel renvoi ; pour mettre exactement à leur place toutes
les controverses ; enfin, pour corriger quelques négli-
gences de style.

A tout cela, il est aisé de porter remède, et moyen-
nant cette facile révision, l'œuvre brillante et personnelle de M. Thomas pourra prendre place à côté des
travaux de premier mérite qui enrichissent sur ce
sujet notre littérature juridique.

IV.

Nous arrivons au quatrième Mémoire qui, sous le titre trop modeste de *Notes sur l'occupation comme mode d'acquérir les territoires en droit international*, contient sur la matière un traité complet et absolument remarquable.

Il n'est pas de question plus actuelle et, dès les premières lignes de l'introduction, le travail s'annonce comme palpitant d'intérêt. Il débute par cette interrogation, écho d'une controverse, déjà bien ancienne, entre les publicistes : « A quoi servent les colonies ? » Franklin disait : « Si la France et l'Angleterre jouaient » leurs colonies sur un coup de dé, le gain serait pour » le perdant. » Les autres répondent avec Stuart Mill : « On peut affirmer dans l'état actuel du monde » que la fondation des colonies est la meilleure affaire » dans laquelle on puisse engager les capitaux d'un » vieil et riche pays. » La plupart des nations l'ont pensé et se sont jetées de nos jours dans la politique coloniale. Elles ont cru qu'elles étendraient leur grandeur en étendant leur territoire ; dans tous les cas, elles se créent ainsi des stations maritimes, que les conditions de la navigation contemporaine rendent indispensables. Si elles souffrent d'un trop grand accroissement de population, c'est un déversoir. Enfin, les colonies peuvent devenir une solution de la question pénitentiaire.

La thèse de l'occupation et des conditions qui la rendent légitime se posa au xve siècle, lors de la découverte de l'Amérique. Le droit international était alors dans un état trop embryonnaire pour fournir des solutions scientifiques. Il ne devait naître qu'un siècle plus tard, et depuis cette époque son développement, pour être un peu lent, n'en est pas moins continu. Chose bien remarquable! Les réponses nettes, précises aux questions difficiles que soulève ce problème et bien d'autres, c'est le Droit romain qui les fournît.

Des formules cristallines que nous légua l'époque classique, jaillit un rayon de lumière qui éclaire des horizons inexplorés; Papinien, Paul, Ulpien..... deviennent les fondateurs d'outre-tombe d'une science nouvelle et méritent, à dix-huit siècles de distance, la reconnaissance de la diplomatie contemporaine. Condamnation écrasante de ces esprits à courte vue qui voudraient bannir de nos écoles l'étude du Droit romain! Les traités et la jurisprudence internationale enrichissent tous les jours ce fonds commun. C'est ainsi que l'acte de Berlin du 25 février 1885 a codifié les règles de la légitimité de l'occupation. L'histoire a de ces ironies! C'est de Berlin que nous vient la synthèse du Droit qui doit primer la force... en Afrique seulement, il est vrai; car si, au point de vue moral, cet acte important déborde ces limites étroites, en fait, il ne s'applique qu'aux occupations futures des puissances signataires sur le continent africain.

La prise de possession de vastes territoires dans les régions du Congo, par Stanley, au nom de l'Association internationale, fondée en 1876, sous la présidence du roi des Belges, et par de Brazza, au nom de la France en 1880, avait fait naître des difficultés de voisinage facilement réglées. (Traité du 23 avril 1894.) Mais il paraissait moins aisé d'avoir raison de l'hostilité d'autres puissances, notamment du Portugal, qui prétendait à des droits séculaires sur le bassin du Congo et de l'Angleterre qui croit en avoir partout.

Un conflit formidable menaçait d'éclater, lorsque M. de Bismark proposa de régler, dans une conférence, les difficultés pendantes et de prévoir les difficultés à venir. Quatorze gouvernements acceptèrent et se firent représenter. De cette conférence sortit la convention du 25 février 1885.

Trois ans plus tard, en 1888, l'Institut de Droit international, réuni à Lausanne, adopta une déclaration qui, tout en présentant quelques lacunes que notre mémoire s'efforce de combler, marque elle-même un progrès considérable sur l'acte de Berlin. Elle a été communiquée aux puissances et, étant donnée l'autorité scientifique de ses rédacteurs, on peut supposer que ses prescriptions seront consultées et même suivies par la jurisprudence internationale.

Notre jeune docteur divise son Mémoire en trois livres. Passons rapidement sur le livre Ier, consacré aux généralités, aux notions terminologiques, pour arriver au livre II, le plus important. L'auteur y étudie les conditions requises pour que l'occupation soit légitime. Il y a des conditions de fond et des conditions de forme. Les premières sont précisément les mêmes qu'exige le Droit romain pour l'occupation privée : territoire *nullius;* intention d'appréhender à titre de maître (*animus domini*); appréhension *effective* ou manifestation de l'*animus domini*. Les prudents de Rome s'arrêtaient là ; mais les temps nouveaux associent davantage l'idée de droit à celle de publicité. On exige donc désormais, comme condition de forme en cette matière, la notification de l'occupation, — facile à remplir d'ailleurs, — car les états auxquels elle doit être adressée sont nécessairement en nombre assez restreint.

Telle est l'ossature de cette partie de l'œuvre. Que

ne m'est-il donné de pouvoir vous communiquer l'œuvre elle-même avec la richesse des développements, la variété des aperçus, l'intérêt et l'à-propos des exemples !

Occupations à titre de protectorat, promesses unilatérales d'abstention, zones d'influence, clauses de neutralisation, doctrine de Monroë, l'auteur n'oublie rien. Les graves accidents qui marquent l'histoire diplomatique de la fin de ce siècle, les cas des îles Falkland, de Massaouah, de l'Ouganda, le conflit anglo-portugais à propos du Mashonaland, celui des Carolines, soumis à la médiation de Léon XIII, toutes ces choses dont nous avions entendu parler et que nous connaissions à travers les à peu près et les inexactitudes de la presse quotidienne, nous les trouvons ici exposées avec clarté, les détails fouillés à la lumière du droit et de la critique, offrant au lecteur charmé bien plus que l'intérêt d'un roman. Car si c'est toujours la comédie humaine qui se déroule sous ses yeux, les personnages revêtent une force et une envergure peu ordinaires.

Rien n'égale les hommages rendus aux principes dans les livres jaunes, bleus, verts etc..., distribués aux Parlements européens, si ce n'est la désinvolture avec laquelle on brûle en pratique ce qu'on adore en théorie. La conscience humaine outragée trouve alors des formules émouvantes de protestation, même sous la plume d'un roi nègre. Piétiné parce qu'il est petit, il sait se redresser et oblige parfois un colosse à lui rendre les armes. — Citons, c'est instructif :

« On n'a pas oublié les incidents de Samoa en 1886. » Les agents allemands venaient de signer avec le roi » Maniétoa un de ces traités dont parlent les instruc- » tions générales que nous avons rappelées. — La

» substitution de la souveraineté allemande aux auto-
» rités locales ne s'opérant pas assez vite, au gré de
» l'état protecteur, celui-ci suscita contre le roi Ma-
» niétoa un prétendant, Tamasese. Maniétoa se plaignit
» aux autorités allemandes de cette conduite : « Vous
» avez fomenté la rebellion contre moi ; contre moi,
» roi avec lequel l'empereur d'Allemagne a signé un
» traité solennel. Si un fonctionnaire d'une grande
» puissance avait joué un rôle pareil en Europe, n'au-
» rait-il pas été certainement disgracié, n'aurait-il pas
» probablement même été mis à mort ? » Ses récla-
» mations ne produisant aucun résultat, le roi Ma-
» niétoa se retourna vers le consul des Etats-Unis,
» M. Serval, pour lui réclamer aide et protection. Sur
» ces entrefaites, Tamasese fut proclamé roi par les
» allemands (25 août 1887). Maniétoa se résigna. Dans
» une lettre d'une naïve éloquence, où il reprochait au
» Conseil des Etats-Unis son silence (16 septembre 1887)
» il déclarait : « Je ne sais pas ce que j'ai fait de mal
» et par ceci je proteste contre la conduite de l'Alle-
» magne. Mais le Gouvernement allemand est fort, et,
» en vérité, je suis faible ; c'est pourquoi je cède à
» leur force afin que mon peuple vive et ne soit pas
» massacré. »

« Il est vrai que M. de Bismark a désavoué les pro-
» cédés du consul Knappe, en déclarant même ce der-
» nier atteint de *morbus consularis* ». — Une conférence réunie à Berlin le 29 avril 1889 a signé une convention (14 juin), aux termes de laquelle le roi Maniétoa est rétabli et son territoire reconnu indépendant.

Il ne faudrait pourtant pas exagérer la sentimenta-
lité en faveur des roitelets nègres. Maniétoa pouvait
avoir du bon, mais ce n'est pas le cas de dire : *ab uno*

disce omnes. Aussi l'auteur a-t-il émis des opinions que nous ne saurions considérer comme définitives, quand, se demandant si les nations civilisées ont le droit d'intervenir pour détrôner un tyran sauvage et s'emparer de sa souveraineté, il s'exprime en ces termes : « Qu'on ne dise pas qu'il n'est pas respectable ce
» droit des souverains sauvages qui se font un jeu de
» la vie de leurs sujets et que le droit des gens n'est
» pas intéressé à maintenir sur le trône des princes
» sanguinaires, bourreaux de leurs peuples plutôt que
» leurs protecteurs. Nous ne pouvons que répondre
» avec M. Jules Maigne : Il ne suffit pas d'aller por-
» ter aux peuples une civilisation soi-disant supérieure.
» Si vous le faites contre eux et malgré eux, si vous
» commencez par les opprimer pour les civiliser, il est
» évident que vous commettez un acte anti-humani-
» taire, un acte criminel, et, pour ma part, j'applau-
» dirai d'avance à tout peuple qui, comme il arrive
» souvent, sans consulter ses forces, mais ne consul-
» tant que sa dignité et le plus noble sentiment de
» son cœur, frappe les oppresseurs par toutes les ar-
» mes qu'il peut avoir entre les mains. »

Mais, cependant, quand un roi fait égorger ses sujets pour se faire un bain de leur sang — (sans figure de rhétorique) — est-ce que les nations qui essaient de délivrer les victimes n'exercent pas le droit de légitime défense en faveur d'autrui ? Doivent-elles assister silencieuses et impuissantes au spectacle de pareilles atrocités ? Méfions-nous d'une logique qui conduit à de telles conséquences. Nous en appelons avec confiance à l'auteur mieux inspiré.

Sous la rubrique des « Effets de l'occupation », le livre III traite des droits et des devoirs de l'Etat occupant.

Ces devoirs sont de veiller à la vie des populations indigènes, de ne pas entreprendre de guerre d'extermination, de ne pas se livrer à des cruautés inutiles, même à titre de représailles, de préparer l'abolition progressive de l'esclavage, de s'opposer de la manière la plus formelle à la traite des noirs, d'interdire le commerce des armes toujours dangereuses dans les mains des sauvages, et celui des boissons fortes qui achèvent d'abrutir ces populations infortunées, de faire respecter la liberté de conscience et des cultes. Ajoutons enfin, avec l'acte de Berlin, « de prendre sous « leur protection spéciale les missionnaires chrétiens, « les savants, les explorateurs, leurs escortes, leurs « envois et collections ».

Enfin, un appendice sur les Sociétés privilégiées de colonisation complète ce beau travail, remarquable à la fois par la richesse de l'érudition, la netteté de la discussion, la rigueur de la méthode et la noble simplicité du style.

Il est temps de vous annoncer qu'il nous vient de la Faculté de Droit de Toulouse, qu'il est l'œuvre de M. Gaston Jèze et que l'Académie est heureuse de lui décerner sa médaille d'or, au nom de M. le Ministre de l'Instruction publique.

Notre vieille et célèbre École de Droit avait déjà inscrit dans ses fastes les dates de 1858, 1863, 1867, 1883, où ses fils, dans des solennités semblables à celles-ci, avaient remporté, sur tous les jeunes docteurs de France, la palme de la primauté. Quelques-uns sont trop près de moi pour que je redise les noms. L'année 1895 prendra rang dans cette série de dates fortunées et M. Jèze jettera un lustre nouveau sur cette phalange d'élite par une carrière brillante dont il nous est déjà donné d'applaudir les débuts,

Il y a quelques mois un concours s'ouvrait à Paris pour divers emplois à la Préfecture de la Seine. Le nombre des candidats accourus de tous les points de la France était considérable. M. Jèze, par des compositions et des examens hors de pair, a brillamment conquis la première place.

Il ne nous déplaît pas de vous signaler ce triomphe qui montre une fois de plus, qu'heureuse dans ses choix, l'Académie ne décerne ses palmes qu'à bon escient.

Heureuse coïncidence ! Nous célébrions naguère, dans des fêtes inoubliables, les gloires de notre cité. Elles n'auront pas été sans lendemain puisqu'aujourd'hui nous ajoutons un fleuron à la couronne de Toulouse. Orateurs, poètes, savants, tous l'ont saluée du titre de nouvelle Rome. Elle le justifie, non seulement par la sainteté de ses temples, émules des basiliques de la Ville Éternelle, mais encore par cette série ininterrompue de jurisconsultes, professeurs, magistrats, avocats, qui se donnent la main à travers les âges pour atteindre jusqu'à Cujas, le plus grand d'entre eux, le rival de ce Papinien auquel il aurait voulu pouvoir élever des autels.

Puisse notre cité rester jalouse de ce genre d'illustrations ! Puisse-t-elle se parer toujours de la double auréole des Arts et de la Science du Droit !

Le Droit devient de plus en plus le gage et le ciment de la paix au sein des nations et des peuples entr'eux. Oui, Messieurs, quoique la terre soit hélas ! destinée à demeurer le théâtre de bien des violences, de bien des abus et de bien des crimes, il n'en est pas moins vrai que les générations contemporaines sont de plus en plus agitées par la passion de réformer, de réparer, d'améliorer au point de vue social. Malgré des mécomptes dans l'application, ce mouvement généreux ne nous laisse pas sans espérance ; car Celui qui ne trompe pas laissa tomber un jour cette parole de ses lèvres divines : « Heureux ceux qui ont faim et soif de la justice, parce qu'ils seront rassasiés. »

CXIV RECUEIL DE L'ACADÉMIE

comptes dans l'application, ce mouvement généreux ne nous laisse pas sans espérance ; car Celui qui ne trompe pas laissa tomber un jour cette parole de ses lèvres divines : « Heureux ceux qui ont faim et soif de la justice, parce qu'ils seront rassasiés. »

9 782019 948443